"双碳"背景下
超大城市绿色发展与精细化治理

胡 睿 ◎ 著

企业管理出版社
ENTERPRISE MANAGEMENT PUBLISHING HOUSE

图书在版编目（CIP）数据

"双碳"背景下超大城市绿色发展与精细化治理 / 胡睿著. -- 北京：企业管理出版社，2024.4

ISBN 978-7-5164-2980-8

Ⅰ.①双… Ⅱ.①胡… Ⅲ.①特大城市—城市经济—绿色经济—经济发展—研究—中国 Ⅳ.① F299.21

中国国家版本馆 CIP 数据核字（2023）第 211221 号

书　　名：	"双碳"背景下超大城市绿色发展与精细化治理
书　　号：	ISBN 978-7-5164-2980-8
作　　者：	胡　睿
策　　划：	寇俊玲
责任编辑：	寇俊玲
出版发行：	企业管理出版社
经　　销：	新华书店
地　　址：	北京市海淀区紫竹院南路17号　　邮　编：100048
网　　址：	http://www.emph.cn　　电子信箱：1142937578@qq.com
电　　话：	编辑部（010）68701408　　发行部（010）68701816
印　　刷：	北京亿友创新科技发展有限公司
版　　次：	2024年6月第1版
印　　次：	2024年6月第1次印刷
开　　本：	710毫米×1000毫米　　1/16
印　　张：	9
字　　数：	140千字
定　　价：	68.00元

版权所有　翻印必究　·　印装有误　负责调换

前言

习近平总书记在党的二十大报告中指出：要推动绿色发展，促进人与自然和谐共生。绿色发展已经成为我国高质量发展的底色。在追求绿色发展的过程中，城市的重要性逐渐凸显。截至2023年年底，中国的城镇化率已经达到了66.16%，城市已经成为"双碳"落实的主要战场。

而超大城市的重要性更为突出。超大城市在新时代的发展中体现出"三元特质"，即与多元主体相关的规模扩张、需求多样及特征涌现；与复杂关系相关的管理任务激增、管理难度增加及管理风险加剧；与动态环境相关的不确定性、不稳定性和不可知性等。这些特征为超大城市的"双碳"目标实现带来了新的机遇和挑战。面对着外部环境带来的挑战，超大城市主动担当，积极作为。我国目前有七座超大城市，它们是我国城市化和工业化的先行区，也是国家低碳发展的试点城市，在"双碳"发展方面多措并举，先行先试。例如，北京早在2016年就提出了2020年二氧化碳排放达到峰值的目标。上海市在早期提出了2030年达到碳中和（净零碳排放）的目标，即到2030年实现碳排放与吸收平衡。

超大城市不仅是我国经济发展的强力引擎，也是全国约占8%的人口生活的家园。因此，"双碳"目标的实现离不开"以人为本"的精神内核。超大城市追求"双碳"目标，主要依靠两条路径：直接的节能减排和间接的治理提升。直接的节能减排主要体现在利用政策、技术等手段，控制碳的消耗、产生与排放，并加强循环利用，为市民打造绿色、健康、宜居的城市环境。间接的治理提升主要是利用精细化的理念，构建政府主导、市场主体、社会组织助力、市民广泛参与的治理体系，从而提升市民的安全感、幸福感和满足感，提高治理效率，转变生活方式，支撑绿色发展。

本书的讨论焦点就此从上述两方面展开。

本书分为上下篇，上篇探讨了超大城市绿色发展的现状、问题及转型路径，并为智慧城市促进绿色发展这一专题提供了一个定量案例分析；下篇探讨了超大城市精细化治理的理论、现状、问题及路径，并为城市更新这一专题提供了一个具体实施方案。通过上下篇的探讨，本书旨在为决策者、研究者以及广大市民提供关于超大城市可持续发展的深入理解和实践指导。我们相信，绿色和精细化发展不仅是超大城市的未来，更是我国城市发展的必然选择，将为城市的繁荣、人民的福祉和生态的平衡创造出更加美好的明天。

本书在编写过程中，作者得到了来自同领域专家和学者的大力支持，近年来在与各级政府部门合作的过程中也收获了很多有价值的思考，在此一并表示感谢。作者力求确保内容的准确性和完整性，对文中的引用和借鉴内容，均在参考文献部分进行了详细的标注，但是由于学术研究的复杂性和广泛性，难免会有疏漏之处，恳请广大读者不吝赐教。

胡睿

2024 年 3 月

目 录

上篇　超大城市绿色转型

第一章　绿色发展及绿色城市运行理论

1.1　绿色发展理论历史沿革及内涵阐释　　003

1.2　绿色城市运行理论及内涵　　004

第二章　城市绿色发展相关理论及实践经验

2.1　城市可持续发展的相关概念　　007

2.2　国内外城市低碳探索的实践　　008

第三章　国内超大城市的绿色发展现状

3.1　城市能耗　　011

3.2　绿色政策　　014

第四章　国内超大城市绿色发展面临的问题

4.1　绿色治理体系和治理能力现代化水平亟待提升　　033

4.2　超大城市间绿色发展水平存在不平衡　　033

4.3　绿色治理多元协同体系尚未完善　　034

4.4　技术创新能力仍需提升　　035

第五章　绿色城市运行管理的具体路径

5.1　政府引领：积极谋划碳中和，明确量化目标　　036

5.2　市场参与：升级碳交易平台，完善碳交易机制　　037

5.3　技术支撑：绘制城市治理新蓝图，构建"智慧化"场景　　038

5.4　以人为本：提升减碳意识，实现市民个体"微减碳"　　040

5.5　有机结合：利用"城市更新""多元共治"等契机提升绿色发展水平　　041

第六章　专题研究：智慧化促进超大城市绿色发展

6.1　文献综述　　044

6.2　方法概述　　047

6.3　研究结果分析　　051

6.4　研究结论　　056

下篇 "双碳"背景下超大城市精细化治理

第七章 研究缘起：研究背景与意义

7.1 研究背景 　　062

7.2 研究范围界定 　　066

第八章 超大城市精细化治理存在的问题

8.1 组织部门条块分割、功能碎片化现象普遍存在，组织协调整合机制不健全 　　067

8.2 机构设置不够科学，难以适应城市精细化管理的新挑战 　　068

8.3 政府城市管理职能存在着缺位、错位和越位现象 　　069

8.4 缺乏规范常态的内部运行机制，与建设法治化政府还有一定距离 　　070

8.5 城市综合行政执法体制不顺，不能满足城市精细化管理的要求 　　071

第九章 以"六度"为导向的超大城市精细化治理战略

9.1 "以人为本"的温度 　　076

9.2 超大城市的高度 　　078

9.3 智慧引领的精度 　　079

9.4 治理高效的速度 　　082

9.5 生态宜居的风度 　　084

9.6 多元主体的维度 　　085

第十章　提升超大城市精细化治理水平的具体路径

10.1 明确导向——构建以满足公众整体需求为导向的目标体系　087

10.2 纵向优化——完善职能体系，实施分类分级管理　088

10.3 横向贯通——加强跨部门合作，打造多主体协同　093

10.4 专项提升——信息化、绿色化创建智慧、有机、健康城市　097

10.5 稳定保障——四管齐下的激励机制和完善的法制体系　099

第十一章　专题研究：北京城市副中心的绿色治理

11.1 北京城市副中心的绿色治理现状　102

11.2 北京城市副中心能耗与绿化数据分析　105

11.3 北京城市副中心建设国家绿色发展示范区的成就和举措　107

11.4 "双碳"约束下北京城市副中心发展总体思路　114

11.5 "双碳"约束下北京城市副中心治理路径建议　116

参考文献　133

上 篇

超大城市绿色转型

在国内，超大城市的绿色发展是以可持续发展理念为指导，以政策体系为引领，以各地地域特色和发展基础为出发点的人本、多元、动态过程。本篇分析了绿色发展的理论基础与研究现状，针对国内的七座超大城市分析了现实问题及优化路径，并利用智慧化这一专题研究了新质生产力绿色发展领域的积极作用。

第一章
绿色发展及绿色城市运行理论

1.1 绿色发展理论历史沿革及内涵阐释

绿色发展的概念可以说是从20世纪60年代循环经济和随后的绿色经济、生态经济、低碳经济、可持续发展等一系列概念中衍生而来的。1997年党的十五大将可持续发展战略作为我国经济发展的战略之一；2017年党的十九大将"建设生态文明、推进绿色发展"列入"新时代坚持和发展中国特色社会主义"的基本方略之一；2018年将"生态文明"写入《中华人民共和国宪法》，为中国特色社会主义生态文明建设提供法律保障；2020年10月，党的十九届五中全会提出"十四五"时期我国生态文明建设目标：国土空间开发保护格局得到优化，生产和生活方式绿色转型成效显著；2022年，党的二十大提出，要推动绿色发展，促进人与自然和谐共生。大自然是人类赖以生存和发展的基本条件。尊重自然、顺应自然、保护自然，是全面建设社会主义现代化国家的内在要求。必须牢固树立和践行绿水青山就是金山银山的理念，站在人与自然和谐共生的高度谋划发展。我们要推进美丽中国建设，坚持山水林田湖草沙一体化保护和系统治理，统筹产业结构调整、污染治理、生态保护、应对气候变化，协同推进降碳、减污、扩绿、增长，推进生态优先、节约集约、绿色低碳发展（见图 1-1）。

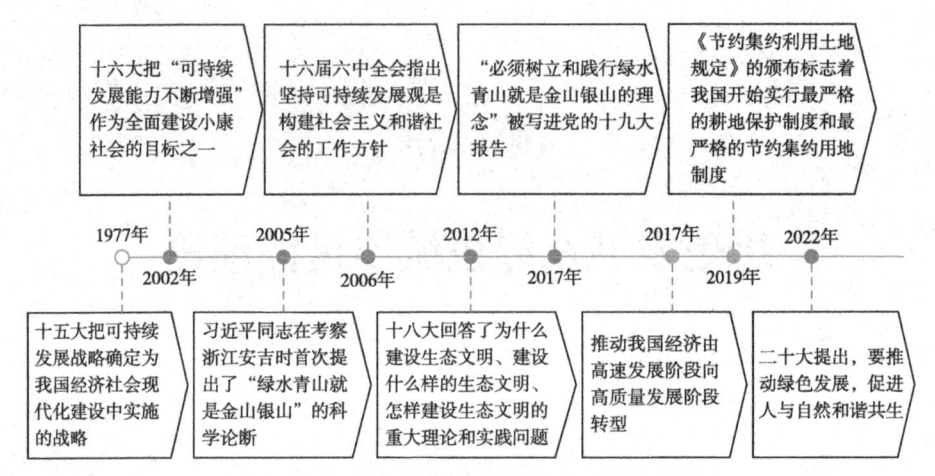

图 1-1 绿色发展理念发展轨迹示意图

时间轴节点：

- 1977年 / 2002年：十五大把可持续发展战略确定为我国经济社会现代化建设中实施的战略
- 2005年：十六大把"可持续发展能力不断增强"作为全面建设小康社会的目标之一
- 2006年：习近平同志在考察浙江安吉时首次提出了"绿水青山就是金山银山"的科学论断
- 2012年：十六届六中全会指出坚持可持续发展观是构建社会主义和谐社会的工作方针
- 2017年：十八大回答了为什么建设生态文明、建设什么样的生态文明、怎样建设生态文明的重大理论和实践问题
- 2017年："必须树立和践行绿水青山就是金山银山的理念"被写进党的十九大报告
- 2019年：推动我国经济由高速发展阶段向高质量发展阶段转型
- 2022年：《节约集约利用土地规定》的颁布标志着我国开始实行最严格的耕地保护制度和最严格的节约集约用地制度
- 二十大提出，要推动绿色发展，促进人与自然和谐共生

绿色发展的核心要求是以可持续发展为目标，统筹考虑经济社会和资源环境，将生态文明和经济发展有机统一。绿色发展的基础是绿色经济增长模式，这种增长模式的显著特征是绿色经济比重不断提高，即以绿色科技、绿色能源和绿色资本带动低能耗、适应人类健康、环境友好的相关产业在国民经济中所占比重的不断提高，增长模式强调低资源消耗、低污染排放，实现经济增长与资源消耗、污染排放脱钩。绿色发展应该是在传统发展模式的基础上，将资源和环境因素内生化，以经济社会和环境的可持续发展为目标，将经济活动过程"绿色化"，用"绿色"为经济发展赋能的新型发展方式。

1.2 绿色城市运行理论及内涵

现代城市的复杂性决定了城市运行的复杂性。城市运行是城市规划和建设的最终落脚点，也是城市容量和承载力的重要部分。可以说城市建设和城市发展的所有绿色、低碳理念都将在城市运行过程中得以体现，而绿色发展的成效和城市双碳目标的实现也将在城市运行过程中予以反馈。要保障城市运行绿色低碳化，需要以安全为前提，着力增能力、补短板，不断提升城市运行的安全可靠性、优质均衡性、精准适应性和智能引领性。从参与角色上，城市运行的参与主体包括政府、企业和社会；从运行层次上，城市运行包括市级、区级、街道、社区、网格等多个层次；从专业维度上，城市运行管理包括市政基础设施、公用事业、交通管理、废弃物管理、市容景观管理、生态环境管理等众多子系统，整个系统呈现为多维度、多结构、多层次、多要素间关联关系高度繁杂的开放的复杂巨系统（见图1–2和图1–3）。

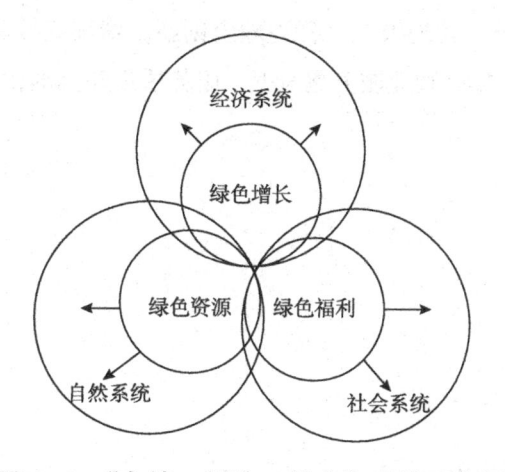

图 1-2 "自然 – 经济 – 社会"系统示意图

图 1-3 城市绿色运行"车轮模型"

城市绿色运行管理本质上是要全面提升城市品质。一是要转变城市发展方式。按照资源环境承载能力，合理确定城市规模和空间结构，统筹安排城市建设、产业发展、生态涵养、基础设施和公共服务。二是推进新型城市建设。顺应城市发展新理念新趋势，开展城市现代化试点示范，建设宜居、创新、智慧、绿色、人文、韧性城市。提升城市智慧化水平，推进生态修复和功能完善工程，建设低碳城市。三是提高城市治理水平。城市治理是国家治理体系和治理能力现代化的重要内容，不断提升城市治理科学化精细化智能化水平，推进市域社会治理现代化。改革完善城市管理体制。运用数字技术推动城市管理手段、管理模式、管理理念创新，精准高效满足群众需求。加强物业服务监管，提高物业服务覆盖率、服务质量和标准化水平。

第二章
城市绿色发展相关理论及实践经验

2.1 城市可持续发展的相关概念

城市可持续发展的概念由来已久。自 1987 年联合国环境与发展委员会在《我们共同的未来》一书中正式提出可持续发展命题后，可持续发展的概念就渗透进了社会生活的各个领域。城市可持续发展也逐渐成为学者关注的主题。城市可持续发展的研究主要关注两个方面：一方面是资源和环境对城市发展的约束。从这一领域关注城市的自然资源禀赋与城市经济发展之间的矛盾。自然资源是城市发展的基础，但是自然资源的有限性也是制约城市发展的因素。城市的发展不仅要考虑当代市民的利益，也要为后代的持续发展留出空间。也有学者从经济学的角度破解城市发展与资源约束之间的矛盾。这些学者指出，保护资源要通过建立最低安全标准来要求当代人承担某种责任。另一方面是从城市生态的角度研究城市可持续发展。"生态城市"（Eco-city）最早是在联合国教科文组织发起的"人与生物圈"计划中提出的。生态城市强调城市的有机性，包括城市的自然生态观、城市经济生态观、城市社会生态观等综合城市生态理论。

"双碳"目标提出以来，国内涌现出大量的研究。一类是仿真预测研究。

仿真预测一方面是总体趋势的研究，利用情景分析的方法模拟出的达峰时间总体集中于2030年之前。带时间点的预测研究为城市的决策制定提供了支撑。另一类是战略类定性研究。这类研究聚焦能源、产业转型与"双碳"目标之间的关系，指出要实现城市层面的"双碳"目标，需要经济、社会、环境、能源、就业、安全等多角度系统性规划的支持。这也引出了研究的另一类热点，即规划领域的研究。将"双碳"纳入城市规划，需要以下几个步骤：一是合理的目标分解，将城市总体控碳目标分解到各个领域，实现自上而下的目标分解。二是制定重点部门差异化碳达峰行动方案，推动能源转型和完善碳税和碳交易等碳定价机制等方面展开研究，对完善中国碳达峰政策体系进行了有益探讨。

在实践领域，目前国内各地的城市可持续发展水平差距较大。前文提到的三批试点城市也在实践过程中逐渐分化出了争先模式、自主模式、模仿模式和守成模式；禹湘等通过分析62个试点城市的脱钩情况，指出东、中、西部城市呈现显著的梯度差距。东部城市雄厚的经济实力和多年来敢于尝试的文化氛围为他们带来了更好的低碳实践成果，而西部城市以重工业为产业基础，转型发展困难重重。郭芳等对中国城市的碳达峰趋势进行聚类分析，指出城市间碳达峰趋势差异较大，并将286个样本城市划分为低碳潜力型、低碳示范型、人口流失型、资源依赖型和传统工业转型期城市。

2.2 国内外城市低碳探索的实践

1. 国外城市的低碳探索实践

西方发达国家经历了"先污染，后治理"的城市发展模式，因此低碳城市探索对它们而言更加紧迫。伦敦的低碳发展主要从能源更新和低碳技术方面入手，将集中式的电网供暖改为小型可再生能源装置的分布式供暖，减轻部分国家电网供电的压力，减少化石能源的消耗。在建筑方面，针对新增建筑采取绿色功能系统，实现源头零排放。对既有建筑改进能源体系，尽量控制和减少碳排放。在经济手段方面，引进碳价格制度，向进入市中心的车辆征收费用，提高全民的低碳意识。

哥本哈根一直是世界范围内低碳城市建设的模范。该市出台的气候计划大力推行的是风能和生物质能发电，建立世界第二大近海风能发电工程。另外，哥本哈根从居民生活方式入手，以出行方式、垃圾分类等为切入点，打通减碳控碳的"毛细血管"。哥本哈根鼓励居民自行车出行，目前36%的居民骑车前往工作地点，倡导垃圾回收利用，仅有3%的废物进入废物填埋场。

作为世界上最大的城市之一，纽约制定了2030气候变化专项规划，是以规划引领城市实现可持续发展的典范。《纽约市2006—2030年城市总体规划》是针对社会生活的全主体制定的，包括政府、工商业、家庭、新建建筑及电器用品五大领域，具体包括90多项行动计划。其中住房、土地整治和开放空间对应城市的土地元素供水工程包括水源的水质管理和市政供水管网。每一类的行动措施紧紧围绕"更绿色、更美好"的发展目标来制定。响应了低碳的目标和政策。

2. 国内城市的低碳实践

早在2008年，国家建设部和世界自然基金会在上海和保定两市率先开展了低碳城市的试点工作。国家发展改革委于2010年7月19日发布了《关于开展低碳省区和低碳城市试点工作的通知》(以下简称《通知》)。《通知》中确定了在广东、辽宁、湖北、陕西、云南五省和天津、重庆、深圳、厦门、杭州、南昌、贵阳、保定八市开展试点工作。

其中，保定市的低碳城市建设为北方城市提供了样板。保定市的试点工作主要采取的是"以点带面"的建设方式。其中一个"点"是可再生能源产业。在保定，光电、风电、节电、储电、输变电和电力电子等特色产业体系都很齐全。有了充实的产业支撑，保定市的控碳目标也很有"底气"。保定市承诺到2025年全市单位国内生产总值二氧化碳排放比2005年下降65%左右，非化石能源占一次性能源消费比重达到25%。另一个"点"是低碳园区建设。代表性的园区之一是"电谷"。前文提到的很多产业都是从电谷中孵化和成长的。保定市的低碳公园也是电谷的一部分，是亚洲最大的光伏建筑一体化（BIPV）城市综合体项目。自2015年投入运营到2021年年底，低碳公园累计发出绿色电力约1050万千瓦时，相当于节约4200吨标煤，累计减排收益约

45万元。同时，园内绿化率达85%以上，园内种植的各类绿色植物可实现每年减排二氧化碳约365吨。

除了保定之外，国内其他的低碳试点城市也开展了积极的探索。总的来说，国内城市的低碳实践主要集中在相关产业扶持、园区建设、提升绿化水平几个方面。从路径上看，国内的低碳城市采取的是"由点到面"的逻辑，以试点产业、低碳园区等的建设带动整个城市的低碳发展。

总体来看，国外低碳城市实践比国内开始得更早，且更加全面。国外更加注重综合型低碳城市建设，且低碳建设的路径与自身资源禀赋、历史文化、社会发展阶段等结合更为紧密。而国内城市虽也强调综合型低碳城市建设，但现阶段仍停留在宏观的低碳发展策略上，相当数量的案例城市在发展模式上属于新区示范型和产业主导型。同时需要注意的是，国外在低碳相关的立法和标准建设方面也较为完善，而国内在这方面尚未形成体系。

第三章 国内超大城市的绿色发展现状

3.1 城市能耗

在 2012—2021 年十年间，我国七座超大城市的能源消费总量见图 3-1。

由图 3-1 可见，七座城市的能耗水平整体呈现以下特征：首先，总体能耗呈现出稳定的趋势，没有明显的波动。其中成都在 2016 年前经历了相对较为明显的能耗下降，在 2016 年后稳中有升。上海、天津、北京的整体能耗保

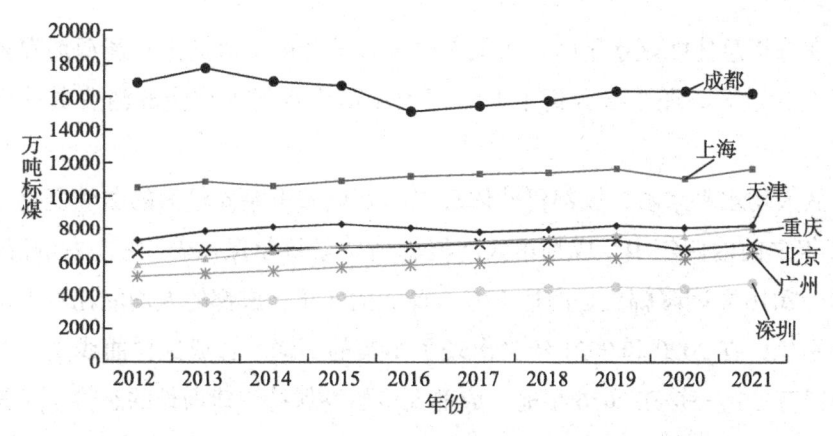

图 3-1 2012—2021 年七座超大城市能源消费总量

持稳定。重庆、广州、深圳的能耗水平整体略有上升。其次，不同城市间能耗水平差距较大。年能耗在1亿吨标煤以上的城市有两座，分别是成都和上海；在5000万吨以上的有四座，分别是天津、重庆、北京和广州；深圳的整体能耗较低，在3000万~5000万吨的水平。

具体分城市来看，成都的能耗水平在七座城市中最高，同时在过去十年间经历了较为明显的变化。在2013年时，成都的能源消费总量达到了峰值，也是所有七座城市中十年来的峰值，1.8亿吨标煤。随后几年逐渐下降，在2016年降至1.5亿吨，为十年来最低水平。在接下来的五年中，成都市的能源消费缓慢回升，在2019年后基本稳定在1.65亿吨的水平。上海的能源消费总量在七座城市中位列第二，但是总体保持平稳态势。在过去十年中，上海市能源消费始终保持在1亿~1.5亿吨的水平。在2020年略有下降后，2021年继续回升。能源消费量位列第三的是天津市。天津的能源消费水平也基本保持稳定，在7000万~8500万吨之间小幅波动。北京和重庆的能耗水平比较接近。但是值得注意的是，北京市在2019年后能耗水平有较为明显的下降。作为国家低碳试点城市，北京早在2016年就提出了2020年二氧化碳排放达到峰值的目标。达峰时间比国家目标早10年。北京市的"十四五"规划纲要也对碳相关的目标给出了明确的数据，即要在"十四五"期间基本实现二氧化碳排放总量达峰目标，未来碳排放稳中有降。因此北京这些年来的控碳力度在超大城市中也位于前列。广州的能耗水平始终位于七座城市最低值。

在分析总体能耗水平时，不能忽略人口的影响。因此人均能源消费量的分析尤为重要。图3-2分析了七座超大城市十年间人均能源消费量的变化情况。

从人均水平来看，成都仍然体现出与其他城市差异较大的曲线变化。在2016年之前的四年中，成都市人均能源消费量每年保持着5%左右的降幅，2015—2016年间降幅更是高达17%。此后的5年，成都的人均能耗水平基本保持平稳，在2020和2021年又出现了小幅的下降。造成这样曲线走势的可能原因有三：一是在2016年前，成都人口始终保持快速增长的态势，尤其是在2016年，当年人口较2015年增长了10%。所以早期人口的快速增长导致

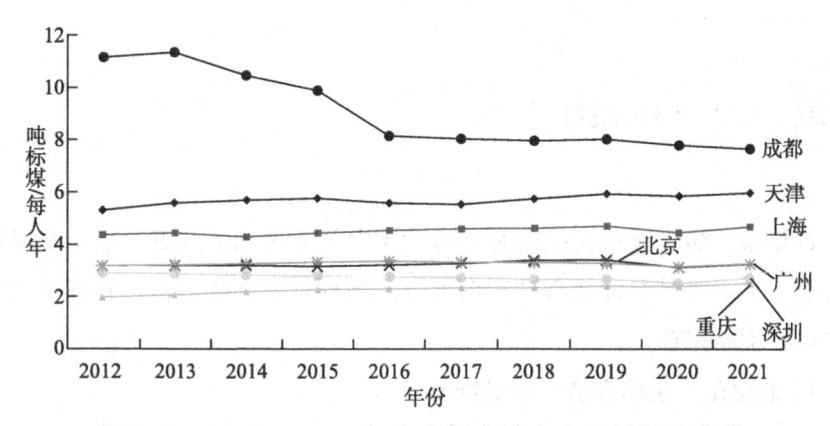

图 3-2　2012—2021 年七座超大城市人均能源消费量

了人均能耗的快速下降。在 2016 年后，人口增长速度放缓，也导致了人均能耗曲线的平缓。二是 2016 年成都举办了 G20 峰会，这是中国首次主办 G20 峰会。因此，在此前的几年间，成都市为了当好东道主，积极进行产业结构调整，开展环境治理，迁移了一批高能耗的企业。

除了成都外，其他六个城市的人均能耗水平均保持稳定。与总能耗相比，由于重庆人口数量近年来保持在 3000 万以上的水平，人均能源消费量在七个城市中最低。其他城市的人均能耗水平并不存在明显的地域、行政级别等差异。

此外，单位 GDP 的能耗与人均能耗的分布趋势基本一致，见图 3-3。

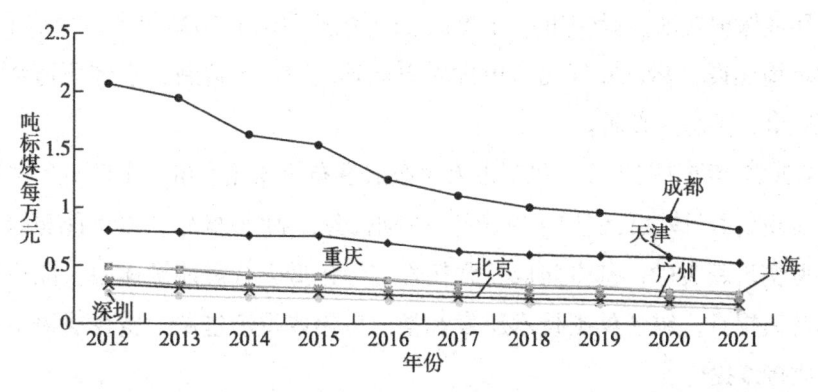

图 3-3　2012—2021 年七座超大城市单位 GDP 能源消费量

3.2 绿色政策

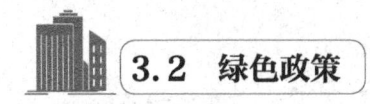

近年来，超大城市在绿色发展方面出台了多项相关政策，来指导城市的可持续发展。尤其是伴随着"十四五"系列规划文件的出台，各细分领域的政策也在不断完善。

1. 北京市：全局高度，领域细分

北京作为首都城市，也是人口超过两千万的超大城市，一直以来都在积极践行低碳发展的理念。对北京来说，绿色发展要与首都城市功能定位紧密结合。北京的绿色发展政策也旨在落实"二十大"精神和北京市十三次党代会的要求，从顶层设计上进一步持续推动绿色发展，进一步改善生态环境质量。北京2021年万元GDP二氧化碳排放量、万元GDP能耗较十年前分别累计下降48%和38%，碳效、能效水平始终保持全国省级地区最优水平。2022年，随着"十四五"国民经济和社会发展规划的落实，各具体领域的规划也相继出台。北京市在"十四五"阶段积极布局，从顶层设计上给出了较为完善的低碳发展策略，从具体领域中也设计了具体可行的路径。部分关键政策如下：

• 2021年12月10日，北京市人民政府发布了《北京市"十四五"时期生态环境保护规划》，其中的6个方面26项任务明确了2025年和2035年的中、远期环境建设目标，实现北京市发展更低碳，空气更清新，水体更清洁，土壤更安全，生态更宜居。

• 2022年5月27日，北京市人民政府发布了《北京市"十四五"时期能源发展规划》。该文件制定了9方面36项任务，到2025年，本市能源绿色低碳转型实现新突破，基本建成坚强韧性、绿色低碳智慧能源体系，能源利用效率持续提升，绿色低碳技术研发和推广应用取得新进展，城乡居民生活用能品质持续提升。

• 2022年6月9日，北京市经济和信息化局发布了《北京市"十四五"时期制造业绿色低碳发展行动方案》。文件提出"十四五"时期制造业绿色发展主要指标和任务目标。一是节能降碳方面，工业能源消费总量达到本市要求，万元工业增加值能耗比 2020 年下降 12% 以上，万元工业增加值碳排放比 2020 年下降 20% 左右；二是节水方面，万元工业增加值用水量比 2020 年下降 10% 以上，工业用水重复利用率保持在 95% 以上；三是绿色制造示范创建方面，绿色工厂累计达到 150 家，绿色供应链管理企业累计达到 30 家。该文件规定了 7 大行动 22 项任务。

● 2022 年 6 月 29 日，北京市生态环境局发布了《北京市"十四五"时期低碳试点工作方案》。该方案筛选先进低碳技术，培育领跑者企业和公共机构，建设气候友好型区域，凝练投融资政策工具，积累经验、提供支撑和打造样板，共包含 4 大类型 3 方面任务。

● 2022 年 7 月 25 日，北京市生态环境局、北京市发展和改革委员会联合发布了《北京市"十四五"时期应对气候变化和节能规划》。文件指出，到 2025 年，北京市要积极推动从能耗双控向碳排放总量和强度双控转变，形成与超大城市特征基本相适应的现代化应对气候变化治理体系与节能政策措施体系，城市适应气候变化能力显著提高。文件包括 20 项气候变化和节能规划指标，6 大领域 22 项任务措施。

● 2022 年 8 月 10 日，北京市地方金融监督管理局等 8 部门印发了《"两区"建设绿色金融改革开放发展行动方案》。该文件将绿色金融发展与北京"两区"建设紧密结合，构建绿色金融体系。北京城市副中心绿色金融先导承载的作用进一步发挥，北京绿色金融市场能级显著提升，绿色金融产品创新更加活跃，绿色金融发展环境持续优化，更好服务绿色产业发展和绿色城市建设，支持引领全国绿色低碳发展，不断提升在绿色金融领域的国际影响力，逐步建成全方位服务研究决策和市场运行的全球绿色金融和可持续金融中心。文件共包含 4 方面 22 项内容。

● 2022 年 10 月 11 日，北京市人民政府印发了《北京市碳达峰实施方案》，文件提出了"十四五"和"十五五"期间提高非化石能源消费比重、提升能源利用效率、降低二氧化碳排放水平等方面的主要目标，共 7 个方面 28 项任务措施。

● 2022 年 12 月 16 日，北京市碳达峰碳中和工作领导小组办公室印发了

《北京市民用建筑节能降碳工作方案暨"十四五"时期民用建筑绿色发展规划》。文件给出了2025和2030年的阶段性目标。短期内实现民用建筑能耗强度及碳排放强度双降。到2025年，新建居住建筑全面执行绿色建筑二星级及以上标准，新建公共建筑力争全面执行绿色建筑二星级及以上标准，推广装配式建筑，应用绿色建材，推广超低能耗建筑，推进公共建筑节能绿色化改造。到2030年前，建筑领域碳排放强度保持下降趋势。绿色低碳发展的局面初步形成。文件包括6方面30项任务。

● 2022年12月16日，北京市发展和改革委员会等11部门印发了《北京市进一步强化节能实施方案（2023年版）》，指出要发挥党政机关和国有企事业单位表率作用，大力倡导全民行动，以科技和专业服务为依托，以法律法规标准为保障，强化建筑、交通等重点领域节能，加强石化、水泥、数据中心等高耗能行业节能管理，压实属地、行业管理部门、用能单位三方责任，突出效率优先，坚持循序渐进，加强统筹协调，保障合理有序用能，促进本市单位地区生产总值能耗持续下降，保持全国省级地区最优水平。文件给出了9大任务。

针对北京市的十条代表性政策进一步开展语义分析。词频分析的结果见图3-4。可见，北京市的绿色发展政策体现出"对象细分""情绪正面""任务明确"的特点。

第一，从政策对象来看，北京市政策具有以下特征。一是关注系统性。在名词类词频中，"协同""系统""体系"均为高频词汇。这些词汇的频繁出现体现了绿色发展从"管理"行为向"治理"行为的转变。多主体的合作成为新的主流。二是政策关注的对象全面。在名词类词频中，可见政策既关注"企业"也关注"区域"，既关注"建筑""设施"也关注"生态"，不同层次、不同领域的对象都是城市绿色发展政策体系中的重点。同时，政策体系还表现出注重保障支撑的特点。例如"机制""转型""制度""能力"等多出现在政策保障支撑部分的词汇，均为高频词汇，可见政策文本非常重视这一部分的内容。

第二，从政策情绪来看，积极引导和鼓励推动是主要的情绪方向。目前北京市的绿色发展政策多为规划、引导类政策，较少出现限制、约束类政策，整体情绪氛围是正面的。

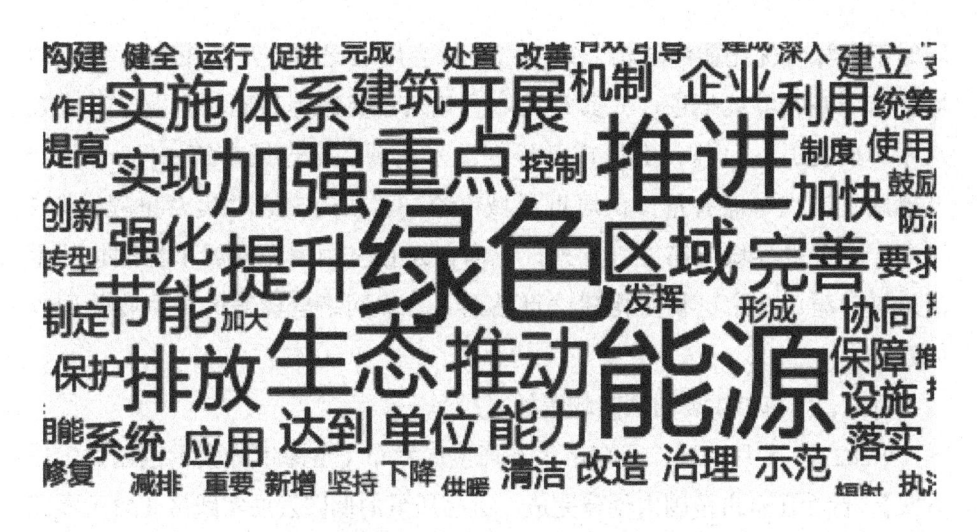

图 3-4　北京市绿色发展相关政策词频分析

（上图为整体词频分析，左下图为名词类词频分析，右下图为动词类词频分析）

第三，从政策内容来看，北京市绿色发展政策体现出任务明确、"顶天立地"兼具的特点。动词词频分析中，"加强""完善""实施""强化"等词语均为高频词汇。可见绿色发展政策不是空中楼阁，而是在一定前期工作的基础上的进一步提升。同时，高频动词中还有"统筹""控制""要求""实现"等内容，体现出政策的强制性和监管作用。

2. 上海市：重点突出，特色鲜明

近年来，上海低碳发展扎实推进。截至 2022 年 12 月，上海市已经初步构建碳达峰碳中和"1+1+N"政策体系（《中共上海市委上海市人民政府关于完整准确全面贯彻新发展理念做好碳达峰碳中和工作的实施意见》+《上海市碳达峰实施方案》+ 系列支撑方案），从政策体系上搭建好了支撑平台；

同时不断深入优化能源结构，绿电占全社会用电比重上升至36%；重点领域的节能减碳继续推进，尤其是工业、建筑、交通等高能耗行业，其能效水平不断提升。目前，上海市已经创造了两项"全球城市第一"：约120万辆新能源汽车保有量，位居世界城市第一；轨道交通总运营里程达831千米，位居世界城市第一。此外，上海市还在全国率先开展了精细化的生活垃圾分类，全市已初步构建"点站场"三级网络全覆盖的可回收物回收体系。

目前，上海市主要的低碳政策如下：

● 2021年8月9日，上海市生态环境局发布《上海市低碳示范创建工作方案》，旨在在全市范围内创建完成一批高质量的低碳发展实践区（含近零碳排放实践区）和低碳社区（含近零碳排放社区），充分发挥引领示范作用，营造全社会绿色低碳生活新时尚。

● 2021年9月29日，上海市人民政府出台了《上海市关于加快建立健全绿色低碳循环发展经济体系的实施方案》。该文件制定了2025年和2035年两个节点的目标。到2025年，产业结构、能源结构、运输结构持续优化，绿色产业比重明显提升，基础设施绿色化水平不断提高，生产生活方式绿色转型成效明显，能源资源利用效率稳步提高，减污降碳协同增效持续增强，生态环境稳定向好，市场导向的绿色技术创新体系更加完善，绿色低碳循环发展的生产体系、流通体系、消费体系初步形成。到2035年，上述目标进一步深化，上海市建设成为全国绿色发展典范。该文件包括7方面26项任务。

● 2022年6月24日，上海市人民政府办公厅发布了《上海市瞄准新赛道促进绿色低碳产业发展行动方案（2022—2025年）》。该方案的目标是促进产业规模快速增长，创新能力稳步提升，市场主体逐步壮大，园区体系健全完善。文件包括4方面16项任务。

● 2022年7月8日，上海市人民政府出台了《上海市碳达峰实施方案》。该文件旨在促进产业结构和能源结构明显优化，重点行业能源利用效率明显提升，煤炭消费总量进一步削减，与超大城市相适应的清洁低碳安全高效的现代能源体系和新型电力系统加快构建，绿色低碳技术创新研发和推广应用取得重要进展，绿色生产生活方式得到普遍推行，循环型社会基本形成，绿色低碳循环发展政策体系初步建立。文件中"碳达峰十大行动"以具体任务的形式给出了上海实现碳达峰的十条可能路径。

• 2022年10月10日，上海市人民政府出台了《上海市"十四五"节能减排综合工作实施方案》。文件以10项任务的方式指出，到2025年，单位生产总值能源消耗比2020年下降14%，能源消费总量得到合理控制，四项主要污染物实施重点工程减排量。节能减排政策机制更加健全，重点行业能源利用效率和主要污染物排放控制水平基本达到国际先进水平，循环型产业和社会体系基本形成，经济社会发展绿色转型取得显著成效。

• 2022年12月27日，上海市生态环境局发布了《上海市推进重点区域、园区等开展碳达峰碳中和试点示范建设的实施方案》。文件包括8方面29项内容，支持有条件、有意愿的综合性区域、产业园区、居民社区、建筑楼宇以及企事业单位等开展各类碳达峰、碳中和试点建设和先行示范，探索形成可操作、可复制、可推广的经验做法和发展模式，加快实现绿色低碳转型。建立试点项目实施效果的动态跟踪评价机制，总结宣传试点经验，形成示范带动效应，不断完善技术标准和管理体系。建立100个市级试点。

进一步对上海市的低碳政策进行词频分析，结果见图3-5。

政策词频分析结果显示，上海市的低碳发展政策体现出以下几个特点。

第一，上海市的低碳发展体现出"治理"的核心思想，即多主体的参与。在政策文本中，"企业""单位""协同""社区""园区""区政府""社区"等都属于高频词汇。可见上海市的政策导向倾向于多主体的全面参与。党的十九大报告针对生态文明建设提出了"构建政府、企业、社会和公众共同参与的环境治理体系"的指导思想，倡导在环境保护与环境治理领域引入共建共治共享的理念，打造基于多元主体共同参与的新型环境治理模式。上海市在践行这一理念的过程中显然成为了国内超大城市的先锋。

第二，上海市的低碳政策对重点领域的关注更加突出。节能环保、清洁生产、清洁能源、城市绿色发展、大气污染治理、污水污泥处理、土壤修复、固体废弃物综合利用、绿色港口、生态农业、应对气候变化、有毒有害原料（产品）替代品等重点领域，政策给予了更多的倾斜。

图 3-5　上海市绿色发展相关政策词频分析

（上图为整体词频分析，左下图为名词类词频分析，右下图为动词类词频分析）

第三，上海在对绿色发展的金融支持方面也有积极的政策引导。上海市充分发挥国际金融中心服务辐射功能，促进经济社会发展全面绿色转型。"金融""投资""支持""平台"等关键词在政策文本中频频出现，体现了上海市加强绿色金融市场体系建设、创新绿色金融产品业务、健全绿色金融组织机构体系、强化绿色金融保障体系、深化绿色金融国际合作、营造良好绿色金融发展环境的决心。

3. 天津市：立足实际，注重农村

作为我国北方超大城市的代表，天津也是京津冀区域绿色发展的双引擎之一。天津市立足于自身定位，统筹谋划，印发了《绿色低碳发展行动方案》，作为城市低碳发展的总体引领。同时，市政府还印发了《天津市"十四五"节能减排工作实施方案》和《天津市碳达峰实施方案》，制定全面加强资源节约、推行清洁生产等重点工作方案，明确碳达峰碳中和、循环经济发展、塑料污染治理、过度包装整治等年度工作要点，构建绿色低碳发展工作体系，协同推进降碳、减污、扩绿、增长。

天津市近年来出台的部分代表性政策如下：

- 2021年9月30日，天津市工业和信息化局针对工业领域发布了《天津市工业节能与综合利用"十四五"规划》，以7大类18项任务助推能源利用效率不断提升，资源利用效率稳步提高，绿色制造体系日趋完善。

- 2022年1月6日，天津市人民政府办公厅发布了《天津市生态环境保护"十四五"规划》，指出要在"十四五"期间，促进天津市绿色发展格局基本形成，生态环境质量持续改善，生态系统质量显著提升，生态环境安全有效保障，环境治理能力持续提高。这些目标将通过6大类24项任务实现。

- 2022年3月25日，天津市人民政府发布了《天津市加快建立健全绿色低碳循环发展经济体系的实施方案》。该方案给出2025年和2035年分阶段目标，旨在建设绿色发展内生动力显著增强，绿色产业规模迈上新台阶，重点行业、重点产品能源资源利用效率达到国际先进水平，绿色生产生活方式广泛形成，碳排放达峰后稳中有降，生态环境根本好转，基本建成生态宜居的社会主义现代化大都市。文件共包括7大类28项任务。

- 2022年8月25日，天津市人民政府发布的《天津市碳达峰实施方案》给出"十四五"和"十五五"两阶段目标。目标在于产业结构调整取得重大进展，清洁低碳安全高效的能源体系初步建立，重点领域低碳发展模式基本形成，重点耗能行业能源利用效率达到国际先进水平，非化石能源消费比重进一步提高，煤炭消费进一步减少，绿色低碳技术取得关键突破，绿色生活方式成为公众自觉选择，绿色低碳循环发展政策体系基本健全。该方案包括10类41项任务。

图3-6展示了天津市近年来绿色低碳政策相关的词频分析结果。

由图3-6分析可知，天津市的绿色发展政策体系与北京和上海的侧重点略有不同。

第一，天津市的绿色发展政策中，"农村""农业"成了高频词汇。天津市专门出台了《天津市推进农业农村现代化"十四五"规划》。文件聚焦打造

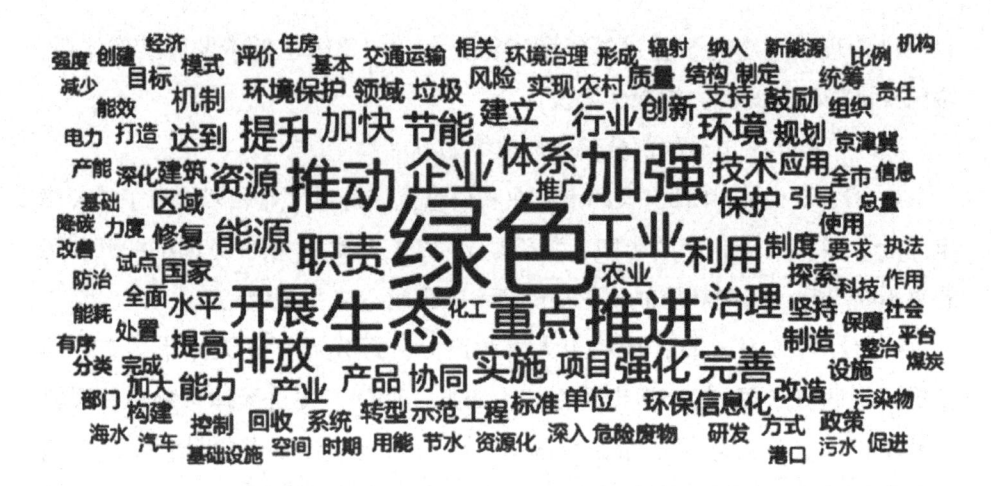

"双碳"背景下超大城市绿色发展与精细化治理

图 3-6　天津市绿色发展相关政策词频分析

（上图为整体词频分析，左下图为名词类词频分析，右下图为动词类词频分析）

现代都市型农业升级版，加快推进乡村产业现代化；聚焦农业农村全方位绿色发展，加快推进乡村生态现代化；聚焦农业资源节约和永续利用、强化农产品质量安全保障、加强乡村生态保护与修复等任务；聚焦全面提升乡村社会文明程度，加快推进乡村文化现代化。这体现了天津市将乡村振兴与绿色发展高度协调统一的治理理念，也是超大城市辐射带动作用的充分体现。

第二，天津市的政策体系充分考虑了城市定位。根据京津冀协同发展规划，天津被赋予"一基地三区"的功能定位，"一基地"即全国先进制造研发基地，"三区"即北方国际航运核心区、金融创新运营示范区、改革开放先行区。对应"一基地"的定位，天津出台了《天津市工业节能与综合利用"十四五"规划》，强调能源利用效率不断提升、资源利用效率稳步提高、绿色制造体系日趋完善。对应"北方国际航运核心区"的定位，天津多项政策中均提到"港口""海水""运输"等关键词,助推天津市向着世界一流的绿色港口迈进。对应"金融创新应用示范区",天津出台的《天津市金融业发展"十四五"规划》中,强调了绿色金融的地位和作用。为了贯彻国家碳达峰碳中和目标等重大战略部署,应加大金融服务绿色产业的力度。通过引导金融资源向绿色低碳产业倾斜,天津市将持续增加对绿色低碳转型过程中产业和项目的金融支持,并扩大延伸服务的范围。对应"改革开放先行区",天津市的多项政策中出现了"探索""打造""建立""引导"等鼓励创新的关键词,凸显了城市先行先试的勇气和开放包容、允许试错的态度。

4. 成都市:公园城市,规建管统一

从数量上来看,成都市针对城市绿色发展的政策比北京、上海要少,但是聚焦程度更高。成都市的绿色发展政策高度围绕"花园城市"的建设定位,针对国土空间、城市规划、文物保护、城市建设等领域出台针对性政策,总体目标在于提升城市的宜居水平。作为国内首个将"公园城市"作为建设目标的城市,成都早在2018年就开启了公园城市的建设。从空间建造到场景营造,从生态到业态,从生产方式到生活方式,公园城市建设是一场新时代城市价值重塑新路径的积极探索。自"两山"理论和"双碳"承诺提出以来,成都更是以此为依托,积极开展绿色低碳发展。

近年来成都市出台的绿色低碳相关成果如下:

• 2022年6月1日,成都市发展改革要公布了《成都市"十四五"绿色转型发展规划》。文件指出,到2025年,成都市绿色低碳优势产业营收达3000亿元,绿色技术创新市级以上平台达150个,新能源汽车保有量60万辆,中心城区绿色出行比例至少70%。到2035年,实现超大城市全面绿色低碳发展,城市大美空间布局形态充分彰显,高质量发展的绿色低碳循环发展产业体系全面建成。要实现这些目标,主要通过4个方面14项重点任务来支撑。

• 2022年6月9日,成都市人民政府办公厅发布了《成都市优化空间结构促进城市绿色低碳发展政策措施》,其中列明了14项措施指导空间结构的绿色优化。

• 2022年6月9日,成都市人民政府办公厅发布《成都市优化空间结构促进城市绿色低碳发展行动方案》。在成都市不断建设公园城市的道路上,进一步优化公园城市国土空间开发保护格局，构建城园相融的空间布局，推动实现生态空间山清水秀、生活空间宜居适度、生产空间集约高效。完善公园城市功能体系和用地结构，提升城市品质。建立精明增长的土地利用方式，推动公园城市内涵式发展，提升土地节约集约利用水平。文件包括3方面21项任务。

图3-7展示了成都市近年来绿色低碳政策相关的词频分析结果。

图3-7 成都市绿色发展相关政策词频分析

（上图为整体词频分析，左下图为名词类词频分析，右下图为动词类词频分析）

由图3-7分析可见，成都市的绿色发展政策有自己的特点，具体可以总结为：

第一，侧重于规划、建设、管理三位一体全过程优化。与其他城市相比，成都的绿色发展政策中，充分考虑了前期规划的作用。例如，"空间""用地""规划""国土""土地""布局""工业用地""耕地"等涉及前期国土空间开发的词语在成都的政策文本中频繁出现。这充分体现了成都市绿色政策体系未雨绸缪的特点，在规划设计阶段就已经将绿色发展指标纳入其中。究其原因，2018年开始的公园城市建设功不可没。在之后的五年中，许多政策的出台都是围绕着公园城市的目标，政策体系已经形成了传承和延续。

第二，成都的绿色政策充分体现了"一座来了就不想走的城市"的魅力。与首都的政治站位、上海的经济使命、天津的港口定位不同，成都的城市定位在于舒适宜居。因此，城市环境建设一直以来就是重中之重。成都市的政策体系中，"公园""特色""社区"等都属于高频词汇，尤其是"公园"。成都的绿色政策体系中产业布局、金融支持、体制机制改革等方面都是围绕着舒适宜居而展开的，"以人为本"的治理理念在这座城市得到了充分的体现。

5. 重庆市：内容详尽，注重量化

作为成渝城市群的两座超大城市，重庆和成都在绿色发展政策方面各具特色。成都在政策体系方面注重人文气息，而重庆的政策体系则重在可执行性高。与其他六座城市相比，重庆的政策文本体量最大，任务设置最为详细。例如，《重庆市严格能效约束推动重点领域节能降碳实施方案》《重庆市人民政府办公厅关于推动城乡建设绿色发展的实施意见》《重庆市应对气候变化"十四五"规划》等文件中，均以详细的表格形式罗列了具体的量化任务标准，这在其他城市的文件体系中并不多见。这充分体现了重庆这座豪迈泼辣的城市中严谨细致的一面，也表现出当地政府对城市低碳发展的高度重视。

重庆市近年来发布的相关政策主要有：

- 2022年3月2日，重庆市发展改革委公布了《重庆市严格能效约束推动重点领域节能降碳实施方案》。该方案指出，到2025年，通过扎实开展节能降碳行动，推动重庆传统支柱产业绿色低碳转型，全市冶金、建材、石化化工等重点行业和数据中心整体能效水平明显提升，碳排放强度明显下降，绿色低碳发展能力显著增强，重点领域能效全部达到基准水平，标杆水平产能比例超过30%。到2030年，重点领域能效基准水平和标杆水平进一步提高，达到标杆水平企业比例大幅提高，行业整体能效水平和碳排放强度达到国际先进水平，为如期实现碳达峰目标提供有力支撑。该方案共包括8项重点任务。

- 2022年7月19日，重庆市人民政府办公厅发布了《重庆市人民政府办公厅关于推动城乡建设绿色发展的实施意见》，给出了2025年和2035年的阶

段性目标，城乡建设全面实现绿色发展，碳减排水平快速提升，城市和乡村品质全面提升，人居环境更加美好，城乡建设领域治理体系和治理能力基本实现现代化，山清水秀美丽之地基本建成。文件包含6方面30项任务。

• 2022年10月8日，重庆市人民政府推出《重庆市"十四五"节能减排综合工作实施方案》。作为"十四五"期间节能减排的总体指导文件，该方案要求，到2025年，全市单位地区生产总值能源消耗比2020年下降14%，能源消费总量得到合理控制，主要污染物排放总量持续减少，化学需氧量、氨氮、氮氧化物、挥发性有机物重点工程减排量分别达到4.32万吨、0.18万吨、3.68万吨、1.06万吨。节能减排政策机制更加健全，重点行业能源利用效率和主要污染物排放控制水平基本达到国内先进水平，全面增强经济发展绿色动能。该方案给出了8个方面19项政策措施。

• 2022年10月12日，重庆市发展改革委发布《重庆市促进绿色消费实施方案》，目标在于到2025年，绿色消费理念深入人心，奢侈浪费得到有效遏制，绿色低碳产品市场占有率大幅提升，重点领域消费绿色转型取得明显成效，绿色消费方式得到普遍推行，绿色低碳循环发展的消费体系初步形成。到2030年，绿色消费方式成为公众自觉选择，绿色低碳产品成为市场主流，重点领域消费绿色低碳发展模式基本形成，绿色消费制度政策体系和体制机制基本健全。该方案包括6个部分27项具体内容。

图3-8展示了重庆市近年来绿色低碳政策相关的词频分析结果。

图3-8的词频分析体现出重庆绿色低碳政策的几个显著特点：

第一，重庆市高度重视社会层面的低碳氛围营造。重庆市出台了《重庆市促进绿色消费实施方案》，该方案的出台标志着重庆市在推动绿色消费方面迈出了重要的一步。通过从居民的衣、食、住、行等多个方面给出具体的绿色低碳举措建议，重庆市旨在引导居民改变消费习惯，减少对环境的负面影响。与其他城市的绿色发展措施不同，重庆市的绿色政策从消费端进行约束，意在通过引导居民改变消费观念和行为，从而在整个社会建立起绿色低碳的文化。这种绿色政策的独特之处在于，它不仅依赖政府或企业的供给侧措施，还通过约束消费者的需求端来推动绿色低碳产品市场的发展。这一举措的目的是遏制奢侈浪费，减少资源消耗和环境污染，并促进绿色低碳产品的市场

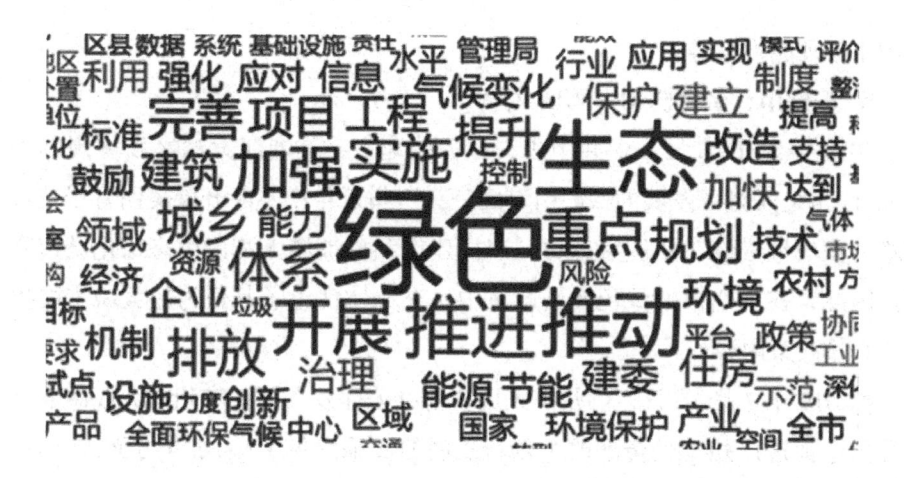

图 3-8 重庆市绿色发展相关政策词频分析

（上图为整体词频分析，左下图为名词类词频分析，右下图为动词类词频分析）

占有率。通过引导居民选择绿色低碳产品，重庆市希望能够形成一个可持续发展的消费模式，推动经济的绿色转型和可持续发展。重庆市促进绿色消费实施方案的出台，为居民提供了具体的指导和支持，同时也为其他城市提供了一个可借鉴的经验。通过从消费端进行约束和引导，可以有效地推动绿色低碳发展，为建设生态文明社会作出积极贡献。

第二，重庆也非常重视农村地区的绿色发展。重庆在七座超大城市中城镇化率最低，因此广大农村地区的绿色发展水平直接影响重庆市整体的水平。在重庆市出台的绿色发展政策中，将城乡协同发展放在相当重要的地位。例如，《重庆市生态环境保护"十四五"规划》中，独立设立了"治理农业农村环境污染"的章节；《推动城乡建设绿色发展的实施意见》中，提出了"打造安全绿色、生态宜居的文明美丽乡村"的任务；《重庆市"十四五"节能减排综合工作实施方案》中，提出了"农业农村节能减排工程"，要提高"农村垃圾污水处理能力"等。

6. 广州市：金融驱动，湾区共荣

2019年2月18日，中共中央、国务院印发《粤港澳大湾区发展规划纲要》。广州是大湾区发展的核心引擎之一。广州近年来不断开展美丽宜居花城战略，积极推进珠三角国家森林城市群建设和粤港澳大湾区生态绿化城市联盟。因此，在广州市的绿色发展政策中，充分体现出了其作为超大城市的担当。具体政策内容如下：

● 2019年7月16日，广州市人民政府办公厅发布了《广州市人民政府办公厅关于促进广州绿色金融改革创新发展的实施意见》，通过4方面17项任务总结提升和复制推广广州市绿色金融改革创新试验区建设经验，促进全市绿色金融改革创新发展，推动绿色金融更好地服务于广州高质量发展和粤港澳大湾区战略。

● 2022年8月17日，广州市住房和城乡建设局发布了《广州市绿色建筑发展专项规划（2021—2035年）》，以构建"美丽宜居花城、活力全球城市"为发展蓝图，以"碳达峰、碳中和"为目标导向，围绕"全国先进、人本体验、双碳对接、岭南特色"四个战略方向，建设绿色建筑发展先进标杆城市、大湾区碳中和引领示范城市、具有岭南特色人本绿色城市。该规划包括4方面19项任务。

● 2022年8月31日，广州市人民政府办公厅发布了《广州市生态文明建设"十四五"规划》，要求在"十四五"期间，国土空间开发保护格局不断优化，生产生活方式绿色转型成效显著，能源资源利用效率全国领先，主要污染物排放总量持续减少，碳达峰工作有序推进，生态系统安全性稳定性显著增强，绿色低碳循环发展经济体系更加健全，省会城市、产业发展、绿色创新和宜居环境功能全面强化，城市发展能级和核心竞争力显著提升，城乡发展差距和居民生活水平差距明显缩小，天蓝、山绿、水清的城乡人居环境更加优美，建成美丽中国样本城市。该文件给出了6方面23项措施。

● 2023年3月2日，广州市人民政府出台了《广州市碳达峰实施方案》。该方案指出，在"十四五"期间，广州市要通过10方面37项任务实现清洁低碳安全高效的能源体系更加健全，绿色便捷经济的现代化综合交通运输体

系基本建成，能源资源利用效率全国领先，绿色低碳生活方式成为公众首选。"十五五"期间，清洁低碳安全高效的能源体系和现代综合交通运输体系全面建成，能源资源利用效率持续提升。确保全市碳排放在2030年前达到峰值。

图3-9展示了广州市近年来绿色低碳政策相关的词频分析结果。

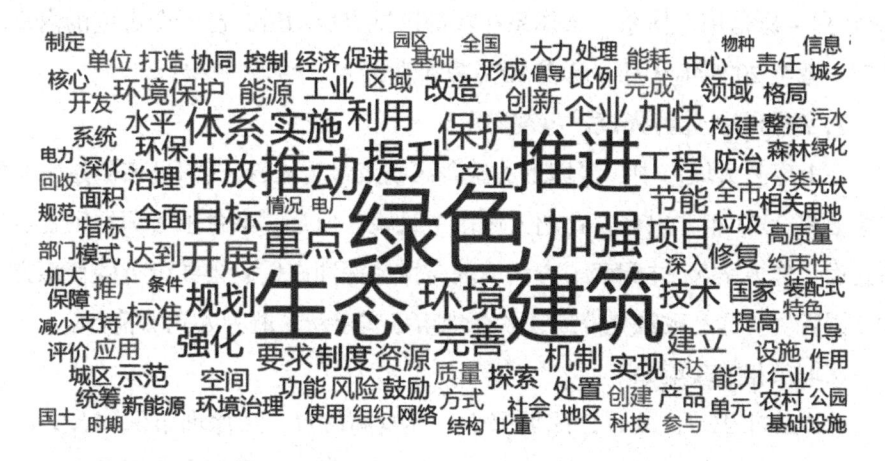

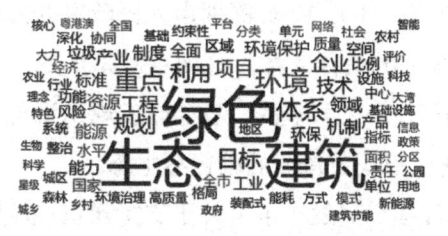

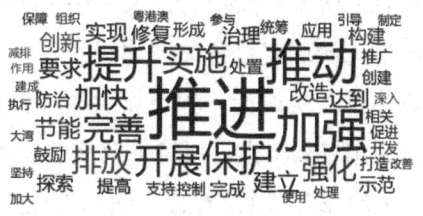

图3-9　广州市绿色发展相关政策词频分析

（上图为整体词频分析，左下图为名词类词频分析，右下图为动词类词频分析）

广州市的词频分析可见，除了与其他城市相同的高频词汇外，"粤港澳""大湾"两个词的出现频率也非常高。广州在探索自身绿色发展的同时，充分发挥自身在金融、文化方面的优势，联合推进大湾区的低碳发展。

广州市对周边的绿色辐射带动作用主要是靠绿色金融体系实现的。广州发挥"广碳所"的作用，带动大湾区的碳交易。作为粤港澳大湾区唯一的国家碳交易试点和绿色金融改革创新试验区双试点机构，广州碳排放权交易所（简称"广碳所"）的数据显示，截至2023年8月，广碳所累计配额成交达2.21

亿吨，总成交金额达 61.41 亿元，在全国 8 个区域试点碳市场中独占鳌头。在发展碳交易的过程中，广州积极引入创新机制，大胆尝试碳金融产品如碳排放权抵质押融资、远期交易及回购等。由此，控排企业可将碳排放权作为抵押物实现融资。广州还构建了企业碳账户体系，形成了企业"碳排放"的精准画像。据此，金融机构可结合企业碳排放表现提供差异化金融支持，构建"碳账户＋碳信用"体系。该体系在花都区试点成功后，已于全市范围内复制推广。截至 2023 年 9 月，已有 1090 家企业接入"穗碳"平台。

7. 深圳市：先行先试，重视实用

在七座超大城市中，深圳市的碳普惠政策最为完善。《深圳市碳达峰实施方案》在 2023 年才出台，在超大城市中最晚；但是它出台了《深圳碳普惠体系建设工作方案》，并配套了方法论的支撑《深圳市低碳公共出行碳普惠方法学（试行）》。这套政策充分展现了深圳市务实求新、敢为人先的精神。

深圳市相关政策如下：

● 2021 年 12 月 10 日，深圳市生态环境局出台了《深圳市低碳公共出行碳普惠方法学（试行）》，该文件是 2021 年 11 月 12 日深圳市人民政府办公厅发布的《深圳碳普惠体系建设工作方案》的具体支撑。这两项政策形成了碳普惠体系顶层设计，构建相关制度标准和方法学体系，基本形成规则流程清晰、应用场景丰富、系统平台完善和商业模式可持续的碳普惠生态。

● 2022 年 5 月 30 日，深圳市住房和建设局发布了《关于支持建筑领域绿色低碳发展若干措施》，以 4 方面 11 项任务给出了建筑领域这一高能耗行业的绿色发展要求。

● 2022 年 12 月 21 日，深圳市人民政府办公厅发布了《深圳市促进绿色低碳产业高质量发展的若干措施》，指出要通过 6 大领域 31 条措施，建设人与自然和谐共生的现代化，完整、准确、全面贯彻新发展理念，积极稳妥推进碳达峰碳中和，加快发展绿色低碳产业，推动形成绿色低碳的生产方式和生活方式。

● 2023 年 10 月 7 日，深圳市人民政府发布了《深圳市碳达峰实施方案》，聚焦"十四五"和"十五五"两个碳达峰关键期，提出了率先建立实施碳排放双控制度、控制单位地区生产总值二氧化碳排放等方面目标，并给出了"碳

达峰十大行动"。

图3-10展示了深圳市近年来绿色低碳政策相关的词频分析结果。

图3-10 深圳市绿色发展相关政策词频分析

（上图为整体词频分析，左下图为名词类词频分析，右下图为动词类词频分析）

关键词分析可见，深圳市的绿色发展重视具体的技术和项目，政策侧重于平台构建和机制建设。在政策体系中，深圳的碳普惠体系及方法学都是令人耳目一新的政策。具体来看，深圳市在推动碳普惠方面的优秀做法主要有以下几方面：

第一，强化政策支持。在总体碳普惠政策引领下，出台一系列具体方法论方面的政策文件，如《深圳市碳排放权交易管理暂行办法》《深圳市碳排放权交易管理暂行办法实施细则》等，明确碳排放权交易的各项规定，为碳普惠体系的建立提供了政策依据。

第二，加强技术应用。鼓励企业采用清洁能源、节能技术和产品，并推广可再生能源项目，以减少碳排放。同时，还推动企业开展自愿减排和碳资产管理，提高企业的碳意识和行动意愿。

第三，打造碳普惠平台。以盐田区为试点，打造了全区统一的碳币积分与兑换平台，将垃圾分类和各类低碳、减碳行为纳入碳币积分体系。通过政府监督、市场运作和社会广泛参与，实现了"低碳场景广覆盖、低碳模式数字化、低碳行为可变现"的碳普惠体系，形成了可持续发展的碳普惠生态圈。

第四，引导市民参与。通过广泛的宣传教育、信息披露和市民互动参与，提高市民对碳普惠的认知度和参与度。例如，在公共交通领域引入碳积分制度，鼓励市民通过乘坐公共交通减少碳排放。

第五，建立合作机制。与金融机构、企业等建立合作机制，共同推动碳普惠的发展。例如，与银行等金融机构合作推出低碳信用卡等金融产品，鼓励企业参与碳普惠项目并提供技术支持和服务。

这些做法的实施有助于提高深圳的低碳水平，促进可持续发展，也为其他城市在推动碳普惠方面提供了经验借鉴。

第四章
国内超大城市绿色发展面临的问题

4.1 绿色治理体系和治理能力现代化水平亟待提升

一方面，超大城市的政策和体制机制不完善。尽管各个城市已经出台了一系列促进绿色发展的政策和法规，但在实际执行过程中，这些政策和法规往往面临着许多问题和困难。例如，从关键词分析也可看出，各城市的政策体系同质化较为严重，对自身的基础条件、发展优势和建设亮点等挖掘不够。同时由于政策的同质化容易导致"水土不服"，后期政策落实不到位、市场机制不健全等。另一方面，尽管中国是低碳城市建设的先行者，但在原创性政策探索和创新阶段，总体上尚未在中央层面形成明确的低碳城市建设制度和法律保障，也未形成一套完整的评价体系和考核机制。更没有针对超大城市特殊的复杂性、重要性和特殊性制定的专门政策，无法真正实现高质量的低碳发展目标。

4.2 超大城市间绿色发展水平存在不平衡

七座超大城市之间的绿色发展水平并不均衡。从能耗数据可见，成都和天津的能耗水平较其他 5 座城市而言要高。这与它们的经济发展、人口扩张有一定关系，但单位能耗最高的也是这两座城市，这也反映出城市间能耗方面的差距。需要注意的是，与成都同为成渝城市群的重庆和与天津同为京津冀城市群的北京，在能耗方面却位于最低水平。这表示绿色发展的技术和路径并没有在城市群内有效扩散。不同区域和城市之间的低碳城市建设容易各自为政，违背了区域和城市之间的关联性。这种不平衡不充分的发展方式导致低碳城市建设难以真正实现绿色发展目标。另外，从政策分析也可以看出，大部分城市在绿色转型时，更重视新兴产业，而忽视传统工业的提质升级，甚至忽视了能源链、粮食链和产业链、供应链安全，这样容易导致只谈低碳，忽视城市发展的其他目标的结果。

4.3 绿色治理多元协同体系尚未完善

第一，在政府内部的部门之间即存在着认识上的差异。试点地区积极推动低碳理念引领，实现多规合一。然而，由于相关部门对低碳理念的认识不统一，且部分地区仍存在担忧低碳发展会制约当地经济增长的观念，导致政策实施过程中面临一些阻力。例如，在能源系统规划、基础设施建设等方面，由于不同部门考虑的角度不同，易出现分歧，难以形成合力。为满足当地经济发展需求，各试点地区相关部门出台了多种涉及空间的规划。这些规划主要包括主体功能区划、城乡规划、土地利用总体规划等。然而，这些空间规划类型众多、体系复杂、深度不一，且编制目标和期限各不相同，技术标准和要求也不同。这就导致各类规划之间难以衔接和协调，未能充分利用和合理管制有限的空间资源。

第二，在政府、市场、市民、社会组织间，并未形成绿色发展的合力。低碳发展投入激励不足，公众和社会力量的参与度较低。市场以逐利为目标，而绿色发展多数是需要长期积累才会有价值显现，更多的是出于责任和对未来担当的行为。因此市场参与意愿不强。目前，低碳城市建设主要靠政府的财政投入为主。社会资本的参与意愿不够强烈，缺少市场力量的推动。另外，一般公众对低碳城市的关注度较少，缺乏对低碳城市建设的热情和认知。

4.4 技术创新能力仍需提升

尽管我国在绿色技术领域取得了一定的进展，但相较于发达国家，我国在绿色技术的自主创新能力方面还存在一定的差距。由于技术创新能力不足，我国在绿色技术的研发和应用方面还面临着许多挑战，这也是我国超大城市绿色发展的一个重要瓶颈。例如，碳捕获和封存技术（CCUS），这项技术被视为未来大规模利用清洁能源的关键技术，其应用领域非常广泛，包括能源、钢铁、水泥等高排放行业。美国、英国、日本等国已经在这项技术上取得了重大突破，并开始逐步推广应用。虽然我国也开始进行 CCUS 技术的研究和示范，但总体来说还处于起步阶段。因此进一步的人才培养和技术攻关仍十分紧迫。

第五章
绿色城市运行管理的具体路径

5.1 政府引领：积极谋划碳中和，明确量化目标

为了早日实现"双碳"目标，政府的高位决策和合理引导至关重要。根据政策分析可见，近年来这些超大城市已经提出了明确的两阶段目标。

第一阶段是 2020—2035 年。在这一阶段中，要实现碳达峰的目标，并保持达峰后持续下降的趋势。为了在 15 年内实现碳达峰，首先要在"十四五"期间内在可控领域内逐步降碳。基于现有基础和发展阶段特征，结合国外城市的经验，重点可关注如下领域：新能源和可再生资源的供能占比应进一步提升，超大城市自身在风能、水能、太阳能等领域不占有地缘优势，可以采取外调绿色能源的方式提升绿色能源比例。同时超大城市供暖作为耗能较大的终端，可鼓励多能互补的新型供热模式。进一步规划和建设中心城区的公共交通网络，完善充电桩布局，加快燃油车辆和新能源车的更迭；对既有建筑加强节能改造，对新建筑在建筑设计时就将能耗控制和排放控制纳入强制标准等。

第二阶段，超大城市将着力打造近零碳排放城市，依托技术进步全面推进，实现碳排放迅速下降。在 2035 年后，超大城市将逐步步入近零碳排放的

阶段。这一阶段中，前期的降碳潜能基本已开发完成，需要从系统外部寻找新的助推力量。因此，以新的节能减排技术为代表的新质生产力成为这一阶段城市碳中和的重要驱动力。国家发展改革委定期发布《国家重点节能低碳技术推广目录》，为生产企业的技术升级提供参考。超大城市也可根据自身城市发展现状编制城市层面的技术目录，不仅可以用于指导自身发展，也可以为国内其他城市的技术减碳提供参考。

5.2 市场参与：升级碳交易平台，完善碳交易机制

在七座超大城市中，北京市是国内较早试点碳市场交易的城市。自2013年正式启动，至今已超过10年。截至2020年，北京市试点碳市场范围已延伸至发电、石化、水泥、热力、其他工业、交通、服务业以及航空等8大行业，2020年全年试点碳市场配额成交538万吨，交易额达2.74亿元。广州和深圳市作为大湾区的先行先试的试点，也在碳交易方面收效颇丰。

目前的七座超大城市中，有3个已经有碳交易平台，还有4个正在建设过程中。在未来的建设中，欧盟碳市场的经验和教训有较强的借鉴价值。总的来说，碳市场的机制维护是整个交易的核心和基石。例如，最关键的配额分配方法，欧盟曾经采用的是祖父法（grandfather method），即历史基准法。但是很多交易主体的排放量每年变化明显，直接采用祖父法容易导致配额分配过剩，数据滞后，影响交易规则。因此，欧盟吸取教训采用了基准线法。另外，由于没有市场稳定储备机制，外界因素对碳市场的影响非常明显。例如，金融危机就严重导致配额过剩，打压了碳价；后期调整配额以后又引起了工业企业抱怨成本上升和碳市场过度投机。所以，这些经验和教训都给中国碳交易提出了警示——完善的机制对于市场的稳定和可持续发展至关重要。

超大城市已经在国内城市的降碳建设中走在前列，所以未来也将会是第一批碳达峰的城市。因此，随着碳量的变化，碳交易市场的机制也需要灵活调整。例如，在碳达峰以后，碳市场的目标应当从强度目标逐渐调整为总量目标。同时，随着市场的进一步发展成熟，国内碳市场单一的交易形式可能难以满足交易需求。而这些超大城市作为国内最为成熟的市场之一，可以逐步设计开放碳期货、远期、期权产品和其他碳金融产品的交易，不断增加市场的流动性。

5.3 技术支撑：绘制城市治理新蓝图，构建"智慧化"场景

智慧城市是城市竞争力的核心体现，已成为全世界各个国家和城市所追求的发展模式。智慧城市是指在城市规划、设计、建设、管理与运营等领域中，通过物联网、云计算、大数据、空间地理信息集成等智能计算技术的应用，使得城市管理、教育、医疗、房地产、交通运输、公用事业和公众安全等城市组成的关键基础设施组件和服务更互联、高效和智能。

国内外的研究成果显示，智慧城市建设可以显著降低城市碳排放强度，平均而言，相较于未开展智慧城市试点的城市，试点城市的碳排放强度降低了12.45%。机制分析发现，智慧城市建设可以通过产业结构升级、加强碳吸收以及提高能源效率等途径降低碳排放强度。而城市运行管理是智慧城市应用的主要领域之一，因此应进一步加强智慧城市建设。适当增加5G、云计算、物联网等信息通信技术的研发投入，为智慧城市建设打造出稳固的数字基础，充分发挥智慧城市建设的产业结构升级效应、碳吸收效应及能源利用效应。此外，应当加强产学研合作，优化企业创新的软硬件环境。

由于城市是"碳中和"目标实现的最大应用场景，智慧城市建设是"碳中和"全面展开的最好抓手。对于城市智慧楼宇和智慧交通，国外的城市经验都可以借鉴。针对超大城市自身的特色，怎样利用智慧城市提升城市管理水平，从精细化的角度入手，减少社会层面的能耗和排放，是可以深耕的一个领域。

针对超大城市整体环境建设，首先要开展智慧化园林建设，对市内土壤、空气温湿度、污染物浓度、植物种类、植物健康状况、紫外线强度的指标进行实时监测，尤其是对市内的二氧化碳浓度等进行实时动态跟踪，并根据跟踪监测结果有针对性地规划植被，利用植物进行固碳。其次要建立多主体城

市环境协同渠道。对于市内的企事业单位、街道社区等基层管理单元，都要建立双向通畅的信息化渠道。一方面可以掌握这些单位的能源消耗与排放量情况；另一方面也可以加强宣传引导，控制生活消费类消耗。因此，每个家庭，乃至每个个体实现"碳中和"，才是城市整体实现碳中和的基石。

针对广告牌匾设置，一方面引入可再生材料或全面覆盖可复用的电子屏幕，以减少装修材料对环境的污染以及纸质广告造成的资源浪费；另一方面通过大数据监测，车辆、行人的驻留习惯进行分析，根据热力图来精准定位投放广告牌匾，避免低效和浪费。

针对智能景观设置，可以借鉴IBM智慧城市方案。超大城市每年会举办很多大型的活动，需要临时城市景观的配合。同时，城市还有大量的固定景观，起到美化、提示、纪念等作用。对于大型活动，仪式感是必不可少的，因此大型的临时景观十分必要。而对于固定的城市景观，市民往往已经非常熟悉，甚至不会留意到它们的存在。因此，这类景观可以适度替换为虚拟景观，增加互动功能。这样不仅可以减少实体景观维护可能带来的能耗和排放，也可以提升居民的体验感和满意度。

针对固废管理与市容环卫，首先，从市容环卫角度，结合物联场景，实现全市扫洒水车辆均配置卫星定位、实时车载视频监控和作业过程作业员异常自动抓拍，实现机扫洒水车辆路面作业覆盖率智能核算。这样一方面能够科学规划车辆路径，减少车辆的无效行驶距离，节能能源，减少排放；另一方面可以增加洒水作业效率，助力降碳固碳。其次，从固废管理角度，全市的垃圾收运桶配置RFID电子标签，对所有垃圾收运车辆配置卫星定位、实时车载视频监控、图片抓拍和RFID读写识别，同时压缩箱配置电子标签和卫星定位终端，通过位置和身份识别融合计算，精确记录全区垃圾从垃圾收集源头到转运站到末端处理厂的动态收运过程，实现全程可溯源量化监管。这样在废物回收利用方面可以大大提升效率，增加回收率，实现废物的全生命周期监管利用。

另外一个非常重要的应用是垃圾溯源管理。能耗和排放的第一位都是生活消费，而垃圾的生产、运输、焚烧产生的碳排放是重要的一环。智慧城市在垃圾桶上安装唯一身份标签，在桶装车上安装标签读写设备，平板车在运输途中途经小区收集点，对车辆上垃圾桶进行扫描并将数据通过物联网络上传到后台。结合各小区的空间地理范围匹配出车辆停车点位所属的物业、小区，最终得到这一桶垃圾是在哪个小区装车，溯源到小区产生的垃圾量。进一步甚至可以追溯到产生垃圾的个人，从而可以从源头上有针对性地加强宣传，实现减量。

5.4 以人为本：提升减碳意识，实现市民个体"微减碳"

城市是一个有机体，而市民是这个有机体最基础的构成单元——细胞。城市的整体控碳归根结底是每个个体的控碳。如果能够将市级层面的控碳行为落实到市民个体，将整个机体的目标拆分成细胞级的微目标，那么"双碳"的实现将指日可待。但是碳排放的治理不是一劳永逸的，而是需要持续不断地坚持和维系。目前七座城市常住居民整体呈现出学历水平普遍较高，中青年群体在人口结构中占比较大，城镇居民占绝大多数的特点。基于此，超大城市可以从以下几个方面入手，促进"双碳"目标实现。

第一，结合智慧城市建设，推广普及个人碳足迹记录。天津市曾经在这方面有过积极的探索。个人碳足迹记录利用手机大数据，全面记录居民个人的购物、餐饮、出行方式、生活缴费等情况，并定期汇总，形成涵盖个体衣食住行各个方面的碳足迹报告。报告可以利用图表直观展示该居民每天、每周、每月的能耗与排放情况，与指导标准相对比，从而给出针对性的减碳建议。同时，中国互联网经济研究院的研究表明，在习惯使用智能手机的人群中，虚拟奖励的行为能够有效地提升用户的参与积极性。

第二，积跬步以至千里，树立从小处做起的"微低碳"行为体系。大部分情况下，市民在都是处于被服务对象的地位。事实上，对于城市的事务，市民作为主体可以参与和贡献得很多。城市的控碳就是市民可以从细处参与的典范。一方面，各大城市垃圾分类条例实施时间不久，当时宣传普及垃圾分类知识的渠道基本畅通，可以借助这些渠道开展新一轮的全民参与"微低碳"活动。例如减碳行为的科普，碳的生命周期，常见减碳控碳技术，国内外优秀城市案例等都可以通过之前的平台进行推送，并不需要重新投入大量的资金进行渠道建设。另一方面，在宣传的基础上，帮助市民养成随手减碳控碳的好习惯，例如，冬天自采暖控制温度，夏天空调不低于26℃，湿度控制在40%~60%，爱护城市植被，减少节假日活动导致的碳排放，减少点外卖，食堂就餐自带餐具，步行、骑行和公共交通代替驾车出行，就餐减少浪费，不过度消费，等等。这些点滴举动虽然微小，但是却能够切实减少城市碳排放，也为自身营造美好生活的氛围。

5.5 有机结合：利用"城市更新""多元共治"等契机提升绿色发展水平

城市更新行动正在如火如荼地开展过程中。一是在老旧城区改造中贯穿可持续发展理念。城市在规划改建老城区时注重既让古城得以保持原貌又使居住在老建筑中的市民感到舒适。借鉴欧洲对旧城局部地段进行二次开发与城市更新的经验，结合国内超大城市的城市现状，一方面加大旧城改造的力度与强度，精心用好、用足市区的每寸土地，提高中心区域的开发密度；另一方面确定明确的城市发展边界，构建合理的城市发展形态和空间结构。二是高耗能、高风险和高排放的老旧设施更新。老旧城区的水、电、燃气等硬件基础设施大多采用若干年前的传统技术，具有"三高"的特征，借助城市更新的发展趋势，可以将老旧城区的民生基础设施和公共基础设施在一定程度上更新为现代化、绿色化的新设备，在设备运行维护方面也要同步更新，采用先进的管理理念，多元主体共治，提高设备使用效率和寿命。三是科学合理地配置区内的生态布局和各功能单位，在设计居民建筑时尽量提供绿色或生态住宅。通过城市规划，将绿色基础设施整合进城市发展过程中，完善城市交通、建筑、能源、景观以及生活设施等绿色基础设施。

此外，城市在从管理走向治理的过程中，会逐渐建立多元共治的体系。城市是一个复杂的系统，要保障其正常运行需要很多职能部门和组织共同发力。城管委是其中的重要职能部门，在城市精细化治理、网格化管理、市容市貌、垃圾处理、环卫等诸多领域有着直接责任。以北京城管委为例，30多个职能部门负责不同领域的工作，当城市基层遇到问题，可能需要跨部门跨区域进行协同，破解基层治理"最后一公里"。街乡"吹哨"，部门"报到"，让各类城市管理力量在街乡综合下沉、力量聚合，形成权责清晰、条块联动的体制机制。充分调动职能部门内部协同机制，是城市绿色运行的一个重要路径。城市提供服务或者发挥特定功能时，往往需要若干个部门之间协调办公。政府作为城市管理和治理的关键主体，在城市管理过程中，很多现实工作和问题需要不同职责的职能部门共同发挥自身作用。

以垃圾分类为例，城市生活垃圾分类治理无疑属于城市公共治理的重要内容，涉及各级政府、企业和城市居民等多个主体，也必然受到现代市场规则的广泛影响。因此，必须充分重视公共治理理论，特别是网络化治理理论在城市生活垃圾分类管理中的指导作用，确立政府规范引导、主体信任互动、各方互助合作的治理思路，充分发挥政府主导作用、价值引领作用和市场调节作用，充分发挥垃圾分类管理的最大效能。政府在遵循市场化管理的基础上，可通过加大奖励激励机制，减少税收、加强财政补贴以及信贷等优惠政策，吸引相关企业参与到城市生活垃圾分类管理的建设中，积极引导和鼓励企业发展循环经济，发挥"小政府，大服务"的公共治理观念，提高生活垃圾配套设施建设以及运营管理的工作效率，在城市生活垃圾分类管理工作中扮演好创建市场、规范市场和扶持市场的角色。

第六章
专题研究：智慧化促进超大城市绿色发展

作为负责任的大国，中国在2020年9月的联合国气候大会上发布了"双碳"目标。这一目标表明了中国在2030年前达到碳排放峰值和在2060年前实现碳中和的承诺。而"双碳"目标的实现，离不开城市这一主体的支持。

目前，全球城市化率达到56%，城市区域产生了全球约75%的二氧化碳排放。在中国，这一比例甚至更高，达到惊人的80%。也就是说，城市在实现中国的"双碳"目标中发挥着关键作用。城市中的碳排放主要是工业、交通和市民日常生活中的化石燃料消耗而产生的。为了控制城市地区的碳排放，助力国家"双碳"目标的实现，绿色城市的概念应运而生。

绿色城市发展的理念内涵包括生态保护、自然涵养以及市民幸福和文化丰富之间的平衡。中国拥有世界上最高的城市化速度，越来越多的农村人口流入城市，城市的规模还将继续增长，因此城市的可持续发展不仅是对环境的责任，也是对所有城市市民向往美好生活的回应。为了实现中国城市地区的绿色发展目标，需要考虑几个关键方法，如采用前瞻性城市规划方法、优化能源供应和消耗结构，以及推动城市建设的绿色转型。

随着技术的发展，数字化、智慧化在推动城市绿色发展的过程中发挥着越来越重要的作用。技术进步和城市领域的融合催生了智慧城市的概念。智慧城市代表了城市空间内数字经济应用的前沿，提供了有效的垂直沟通和水平链接途径，并成为城市高质量发展的催化剂。智慧城市也通过减少人力参与，提高工作效率，提升城市运行水平等途径，成为碳排放控制和绿色发展的有力工具。

本专题研究关注智慧城市对城市绿色发展的影响。在本专题中，智慧城市的概念被分解为四个关键维度：智慧治理、智慧生活、智慧经济和智慧人力资本。研究旨在解决四个问题：首先，研究探索了城市绿色发展的趋势；其次，研究建立了"智慧城市"和"绿色城市"之间的关联；再次，研究模拟了城市绿色发展趋势在不同情景下的变化；最后，研究关注超大城市的绿色发展的独特之处。本专题研究中主要采用的方法框架是系统动力学方法。

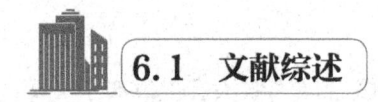

6.1 文献综述

1. 整体研究趋势

在国内外的学术研究中，通过"智慧与绿色协调"概念推动城市发展已经引起了广泛关注，成为一个热门话题。这种方法强调智慧技术和可持续实践的整合，以打造更高效、环保和宜居的城市环境。智慧与绿色策略的结合有潜力解决各种城市挑战，包括资源管理、环境保护、交通效率、能源节约以及居民生活质量提升。2013—2023年，智慧与绿色协调领域的研究主要集中在微观层面，其中出现了一些突出的研究领域，包括智慧绿色社区的探索，智慧城市举措对气候变化的影响，绿色基础设施的发展，以及未来挑战的分析等。流行的研究方法主要涉及建模技术，以研究和预测各种情景和结果。在这些研究领域中，智慧网格的应用经历了最长时间的持续关注，并且目前仍在增长中。

当前，研究热点呈现出分散的趋势并且迭代更新速度很快。在现有的研究中，关注细节领域的较多，宏观研究很少，且多为近年新兴出现的研究。国内外分别来看，2013—2022年，WOS（web of science，科学引文索引数据库）中超大特大城市"智—绿"关系的研究热点领域呈现出微观化、社区化、技术化、未来化的趋势；在突现强度上，智慧网格是突现持续时间最长的热点领域，机会、空气污染和城市绿色空间是最新突现的热词，目前仍保持着热度。国内过去十年间这一领域的研究非常集中，多为紧跟时事动态的定性研究。从突现强度来看，研究热点更新频率很高，且在2020年后多点开花。

目前的研究中，"智慧"和"绿色"之间的关系是热门话题之一。

2. 智慧城市对绿色发展的影响研究

国外对于智慧城市与绿色发展之间关系的研究聚焦在几个层面。首先，在概念层面出现了将可持续性纳入智慧城市的方法和模型，并据此诞生了绿色智慧城市和可持续智慧城市等概念。其次，有研究探讨了智慧城市、环境效益和可持续发展之间的关系。例如Ahvenniemi等人认为，智慧城市与城市可持续发展的结合是大势所趋，是在目标层面上具有一致性的两项工作。尽管一些研究在理论上肯定了智慧城市对可持续发展和生态效益的积极影响，但某些学者仍对智慧城市的环境效益持有保留意见。关于智慧城市能否成为实现可持续发展的有效途径，仍存在持续的争论。

在国内，为了探索智慧和绿色发展之间的关系，学者通常采用双重差分（DID）方法。学者们通常选择地级市作为研究对象，将城市能源消耗和排放作为因变量。研究关注智慧城市试点政策对生态效益的影响，结果显示智慧城市建设显著提高了城市生态效益，并且其促进效应随时间推移而不断增强。目前主要研究观点见表6-1。

表6-1 现有研究中智慧化对绿色化的影响

项目	主要结论
机制检验	以智慧城市建设为切入点，提升财政经费中科技支出部分的比例进而促进城市低碳发展
	以信息产业发展促进产业结构升级进而促进城市低碳发展
	以技术创新促进城市低碳发展
	以优化城市资源配置促进城市低碳发展
	以降低政府规模来抵消其对绿色发展的影响

续表

项目	主要结论
异质性检验	智慧城市建设对低金融发展水平、高人力资本水平、低外向型经济水平的城市减碳作用效果更显著
	智慧城市建设对西部城市、南方城市、非环保型城市、资源型城市、非省会城市减碳作用效果更显著
	智慧城市建设对欠发达、极端规模城市减碳作用效果更显著
	智慧城市建设对特大城市、高行政级别城市减碳作用效果更显著
	智慧城市建设对经济集聚优势明显、严格环境规制的城市减碳作用效果更显著

3. 研究局限性分析

智慧城市促进绿色发展领域现有研究存在一定的局限性。首先，已有研究存在变量粒度不足的问题，通常将"智慧城市"用作一个整体性的解释变量，而没有进一步对其内部组成进行解构。其次，目前研究中很多采用计量分析的方法，这可能导致城市系统的复杂性无法充分体现。最后，对未来发展的指导不足，因为大多数研究基于历史面板数据，对未来趋势的考虑有限。

为了解决这些问题，本专题提出了三方面的解决方案。首先，研究中将解释变量"智慧城市建设"细化为基于创新的四维理论的四个角度：智慧治理、智慧生活、智慧经济和智慧人力资本。这种方法可以更详细地了解智慧城市发展的不同方面对城市低碳发展的影响。其次，本研究提出将定性研究方法与模拟仿真方法相结合。通过整合定量回归分析和系统动力学建模，更好地考虑城市系统的非线性、系统性和动态性质。这种综合方法能够更好地解决对城市环境中复杂相互作用和反馈循环问题。最后，本研究整合了趋势预测和动态情景模拟两个维度。通过关注整体趋势的变化并开展情景分析，预测城市绿色发展轨迹，研究可以较为客观的关注智慧城市对城市绿色发展的作用，并提供更具针对性和前瞻性的见解，以支持城市决策过程。

6.2 方法概述

1. 研究对象

本研究对象关注中国的七座[①]超大城市：北京、上海、深圳、重庆、广州、成都和天津。之所以选择超大城市，是因为这些城市具有代表性，其内部主体规模庞大，主体间关系错综复杂，外部环境复杂多变，且在整个城市系统中处于头部地位，具有前沿研究价值。

（1）从宏观政策背景上看，党的二十大报告中强调，要"加快转变超大特大城市发展方式""加快发展方式绿色转型""打造宜居、韧性、智慧城市"。可见超大特大城市新的、高质量的转型发展是政策关注重点，而"绿色"和"智慧"正是转型发展的重要内驱动力。

（2）从城市发展规律来看，目前我国超大城市已经进入了高质量发展的阶段，已经从注重规模速度转为更加重视质量效益，从大规模增量建设转为存量提质改造和增量结构调整并重。因此，超大城市对"以智促绿"发展有更迫切的需求，也有更丰富的积累。

（3）从城市理论体系来看，新公共管理理论下的城市管理框架在面对超大城市的复杂性时暴露出一定的局限性，碎片化、过分追求效率、价值取向单一等问题逐渐出现。而以智慧化为代表的技术创新具有纵向贯通性和横向融合性，成为新时代下超大城市绿色发展的破解之道。

为简化表达，后文中"城市"即为本书研究对象"超大城市"。

2. 指标体系构建

本专题中构建的"智慧与绿色"系统模型中有29个变量。其中因变量是绿色发展水平，主要用"能源消耗"（Energy consumption）这一指标来表示，其值直接来自城市统计年鉴的能源部分。

自变量体系由3个水平变量、3个流变量、20个辅助变量和1个影子变

[①] 2023年8月，武汉市人口也达到了超大城市规模，但尚未在正式文件中得到认可，故本专题中没有涉及。

量构成。其中水平变量是影响系统模型的外部因素，即环境因素。3个水平变量分别是经济水平，由GDP表示；产业结构，由第三产业占比表示；社会发展水平，由人口表示。3个流变量是对应水平变量的增长率。

辅助变量主要有两种类型：智慧城市系统变量和情景设置变量。智慧城市系统是基于智慧城市的四个方面——智慧治理、智慧生活、智慧经济和智慧人力资本来设定的。情景变量由环保投资、科研投资组成。其中环保投资由环保投资占GDP的比例表示，科研投资由研发支出占GDP的比例表示。

一些关键变量的值列在表6-2中。这些数据来自"中国城市统计年鉴"、城市统计公告和官方新闻报道。一些缺失数据使用附近年度均值插补的方法得到。具体变量取值见表6-2。

表6-2 建模所用数据

城市	年份	智慧治理 城市环境自动清洁	智慧治理 电子政务办理率	智慧生活 互联网覆盖率	智慧生活 新能源汽车覆盖率	智慧经济 信息行业从业者年收入/元	智慧经济 信息行业从业者人数/万人	智慧人力资本 大研发人员数量/人	智慧人力资本 大学数量/所	绿色发展水平 能耗/万吨标煤
北京	2013	0.9	0.97	0.752	0.11	136,599	58.24	18,600	89	6723.9
北京	2015	0.9	0.97	0.765	0.11	159,486	68.007	19,540	90	6852.6
北京	2017	0.9	0.97	0.8	0.19	183,183	77.44	20,000	92	7132.835
北京	2019	0.9	0.97	0.85	0.19	234,121	85.9131	22,000	93	7360.32
北京	2021	0.9	0.97	0.9	0.08	290,038	86.5	23,000	92	7103.617
天津	2013	0.9	0.95	0.613	0.1	102,922	3.57	7440	55	7881.83
天津	2015	0.92	0.95	0.63	0.12	134,331	4.3541	7816	55	8319.38
天津	2017	0.92	1	0.7212	0.25	151,778	5.3464	8000	57	7831.72
天津	2019	0.92	1	0.7567	0.3105	144,510	6.5728	8800	56	8240.7
天津	2021	0.92	1	0.7633	0.3105	157,725	7	9200	56	8205.69
广州	2013	1	1	0.9203	0.1	120,000	9.39	17,000	80	5333.57
广州	2015	1	1	0.4975	0.1	160,000	10.0529	19,000	81	5688.89
广州	2017	1	1	0.5813	0.12	200,000	16.5897	21,000	82	5961.97
广州	2019	1	1	0.5933	0.205	220,000	22.6695	23,000	83	6294.2
广州	2021	1	1	0.6	0.3433	240,000	24	25,001	83	6575.64

续表

城市	年份	智慧治理 城市环境自动清洁	智慧治理 电子政务办理率	智慧生活 互联网覆盖率	智慧生活 新能源汽车覆盖率	智慧经济 信息行业从业者年收入/元	智慧经济 信息行业从业者人数/万人	智慧人力资本 大研发人员数量/人	智慧人力资本 大学数量/所	绿色发展水平 能耗/万吨标煤
深圳	2013	0.974	0.9362	0.6888	0.1288	100,000	12.5	1600	10	3594.42
深圳	2015	0.974	0.9362	0.4765	0.1288	110,000	13.4808	2100	12	3909.91
深圳	2017	1	0.9362	0.5834	0.25	135,000	19.2466	2600	12	4272.64
深圳	2019	1	0.95	0.6232	0.4	160,000	30.3677	3000	13	4534.14
深圳	2021	1	0.95	0.6029	0.4809	150,000	32	3241	15	4756.67
成都	2013	0.8406	0.9	0.4929	0.0528	98,000	14.54	18,600	53	17,774.6
成都	2015	0.8406	0.9	0.5625	0.1034	110,000	16.9835	19,540	56	16,680.1
成都	2017	0.8406	0.9	0.7067	0.25	130,000	31.4432	20,000	56	15,448.7
成都	2019	0.8406	0.93	0.7663	0.3225	150,000	26.1621	22,000	59	16,382.2
成都	2021	0.9	0.93	0.7354	0.3225	170,000	30	23,000	66	16,356
重庆	2013	0.9	0.997	0.439	0.1	73,598	13.95	18,100	63	6225.92
重庆	2015	0.9	0.997	0.483	0.1	92,958	16.04	20,300	64	6924.77
重庆	2017	0.9	1	0.5516	0.1524	112,043	4.7844	22,500	65	7251.59
重庆	2019	0.93	1	0.8608	0.2033	131,356	4.736	24,700	65	7687.25
重庆	2021	0.93	1	0.8542	0.2951	155,067	5	26,900	68	8046.31
上海	2013	1	0.64	0.707	0.1066	153,989	49.43	18,765	68	10,890.4
上海	2015	1	0.64	0.731	0.2677	183,365	27.8195	23,453	67	10,930.6
上海	2017	1	0.73	0.8284	0.3	212,063	30.7312	25,478	64	11,381.9
上海	2019	1	0.73	0.7174	0.4784	237,405	41.768	36,000	64	11,696.5
上海	2021	1	0.73	0.715	0.4784	303,573	45	40,000	64	11,683.0

3. 系统动力学模型

系统动力学模型见图6-1。其中，变量之间的关系是由等式表示的。其中，大部分变量的取值是通过"表函数"的形式表示的，即它们的含义是基于现实数据给出的。

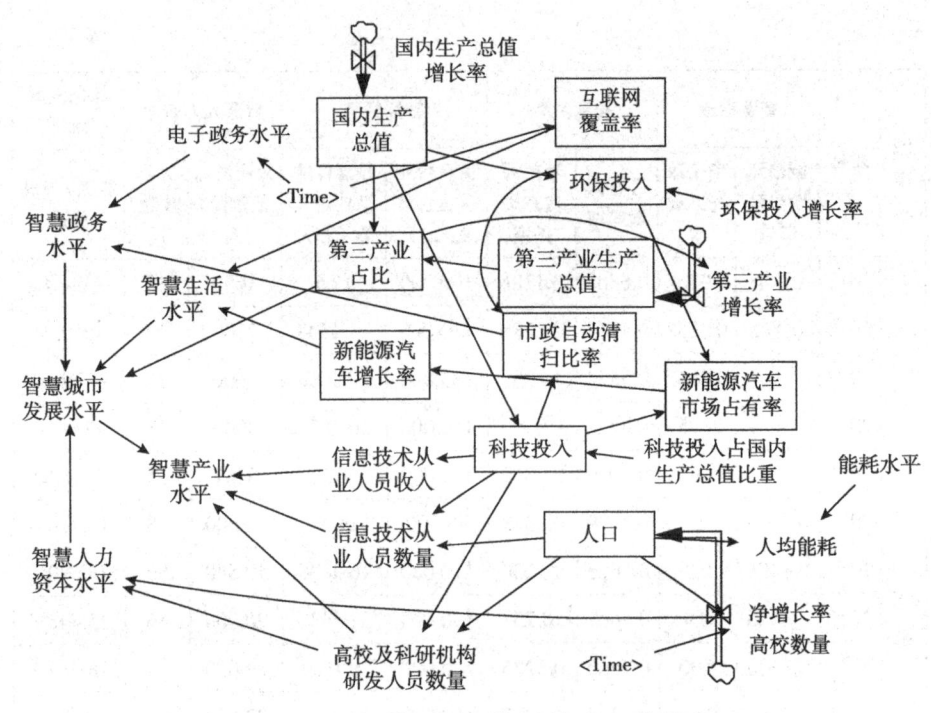

图 6-1 "智慧—绿色"系统动力学模型

另有一部分变量的取值是由回归分析后得出的关系式给出的。

对于水平变量，它们的取值是由流变量结合初始值确定的。

情景设置见表 6-3。

表 6-3 情景设置

情景设置	第三产业增长率	环保投入	科技研发投入
高情景	第三产业占比小于 70% 时，取值为 0.09，否则取值 0.02	国内目标值：3%	目前世界最高水平：以色列 5%
中情景	第三产业占比小于 70% 时，取值为 0.08，否则取值 0.01	目前超大城市的水平：2%	目前七座超大城市的平均水平：2.4%
低情景	第三产业占比小于 70% 时，取值为 0.07，否则取值 0.01	目前全国水平：1.5%	2021 年 OECD 国家的平均水平：2%

6.3 研究结果分析

由于中国在2012年开始智慧城市的试点工作,因此研究时间区间为2012—2035年,其中2012—2021年为基础数据,2022年之后为预测数据。模型建立后首先进行了验证。2012—2021年的实际数据验证结果显示,模型预测平均误差为3.1%,最大误差发生在2020年,为6.5%。值得注意的是,COVID-19大流行于2020年开始,导致大多数城市的经济和社会活动显著减少,能源消耗急剧下降,可能导致了模型的数据偏差。总体来看,模型是可靠的。

1. 智慧城市发展水平

研究结果显示,在七个超大城市中,智慧城市建设的趋势持续上升,这一上升趋势直到预测期结束仍在保持。需要注意的是,在2029年之后,智慧城市建设的增长率变得非常低。这表明在经过约17年的建设后,智慧城市达到了较为成熟的水平,建设进展逐渐放缓。

从智慧城市的四个维度分别来看,智慧治理和智慧人力资本两方面的发展趋势较为平稳,没有明显的突变。具体而言,智慧人力资本的曲线保持相对稳定趋势的一个主要原因是,新的大学由于这七个超大城市的高土地租金和其他成本而选择在其他城市建立。此外,这些城市已吸引了全国最有才华的技术专业人员,发展潜力有限。另外,这些城市当前智慧政务的水平已经较高,市民可以通过在线应用或拨打12345公共服务热线满足大部分需求,因此未来的智慧治理水平增长空间有限。

反观另外两个变量,即智慧生活和智慧经济,则是智慧城市水平曲线波动的主要推动力。在智慧生活方面,新能源汽车正在改变超大城市居民的生活。目前,七座城市的新能源汽车渗透率[①]已经达到30%,但整体保有率仅为4%。工业和信息化部发布了《新能源汽车产业发展规划(2021—2035)》,该

---

① 渗透率为新车市场中新能源汽车销售量占比。

规划预测了到 2025 年，新能源汽车的全国保有率将达到 20%。作为超大城市，这些城市的数值将更高。因此，有新能源汽车强势发展的助力，智慧生活的水平曲线将会有更明显的增长。结果见图 6-2。

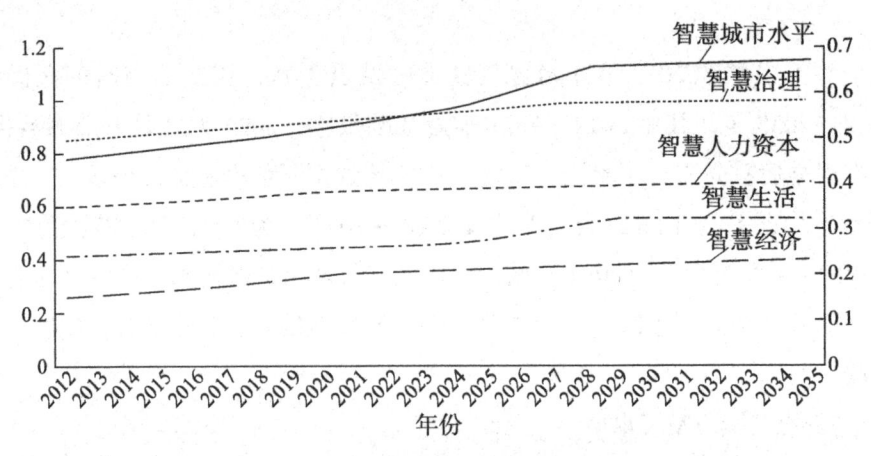

图 6-2　智慧城市四维度发展水平

（注：智慧城市水平曲线展示在次坐标轴上）

2. 绿色发展趋势

正如前文所述，智慧城市的总体趋势可以描述为"快速增长—缓慢增长—相对稳定"三个阶段。相应地，城市的能源消耗也遵循"快速增长—缓慢增长—相对稳定—逐渐减少"的模式。在当前情景设置下，在 2030 年之前能源消耗持续稳步增加。在 2030—2033 年之间达到峰值，之后开始逐渐下降。相应地，绿色发展水平经历了"稳定—下降—底部—上升"的过程。

（1）产业结构变化场景

当第三产业比例增加时，初始能源消耗会增加，直到 2028 年之后开始下降。与当前情景下的曲线相比，提前达到峰值（约提前 4 年），且峰值值较低（约低 3.1%）。此外，在低情景下，能源消耗在前 18 年会较低，但在第 19 年后超过基准线，继续上升直至预测期结束。见图 6-3。

由图 6-3 可见，尽管第三产业的比例增长在一定程度上可以提高经济效率和竞争力，但它也可能在初期导致能源消耗增加。主要可能的原因如下：

服务需求的增加导致能耗增长。随着第三产业的发展，城市对交通、物

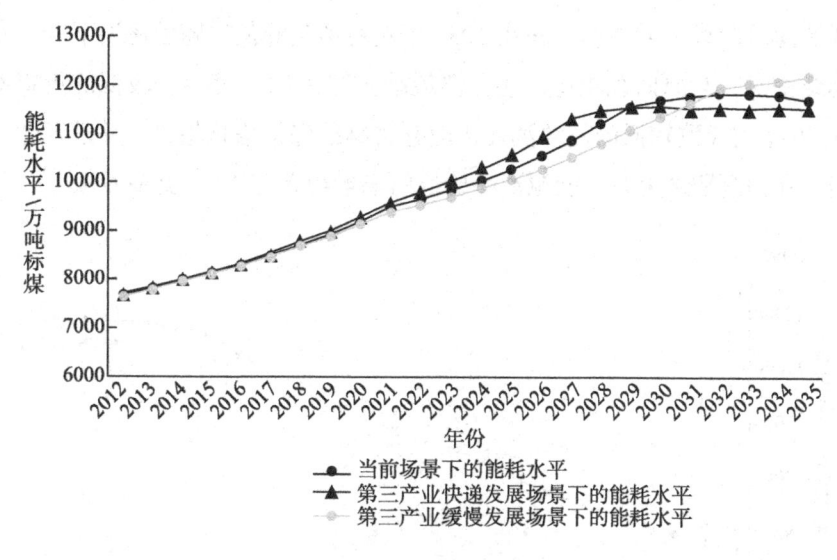

图 6-3　不同产业结构下的能耗变化

流、通信、旅游和娱乐等服务的需求增加。这些服务业的发展通常需要较大的能源消耗，如燃料、电力等。对于超大城市，服务需求的增加可能加剧大城市病的问题，并对能源消耗产生放大效应。

商业和办公楼的能源消耗增长。随着服务业的增长，商业活动和办公楼的数量也增加。这些建筑需要照明、供暖、通风和空调设施，这些都会消耗大量的能源。在超大城市，开发商倾向于建造比传统建筑能耗更高的依赖于空调和新风通风系统的摩天大楼，也会加剧能源的消耗。

数字化和信息技术发展导致的能源消耗。第三产业中包括大量的信息技术企业和金融企业，这些企业运行需要依赖各种大型设备、计算机、服务器等，也会让能源消耗相应增加。例如云计算、大数据分析和人工智能等技术都需要大量的能源支持。

这些产业的升级导致的能耗在结构调整初期较为明显，但是在结构升级完成后，能源消耗将趋于稳定。因此，产业结构的优化对能源消耗表现出滞后效应。

（2）科技投入场景

科技投入的增加最初也会导致整体能源消耗增加。然而在 2026 年后，曲线开始向原曲线下方移动，并在 2033 年左右达到峰值，随后逐渐下降。在预测期结束时，与原曲线相比，能源消耗减少约 3.5%。相反，较低的投资率在大约 16 年内导致较低的能源消耗，但它将继续保持增长趋势，并逐渐超过原曲线。在预测期结束时，能源消耗比目前场景约高出 4%，见图 6-4。

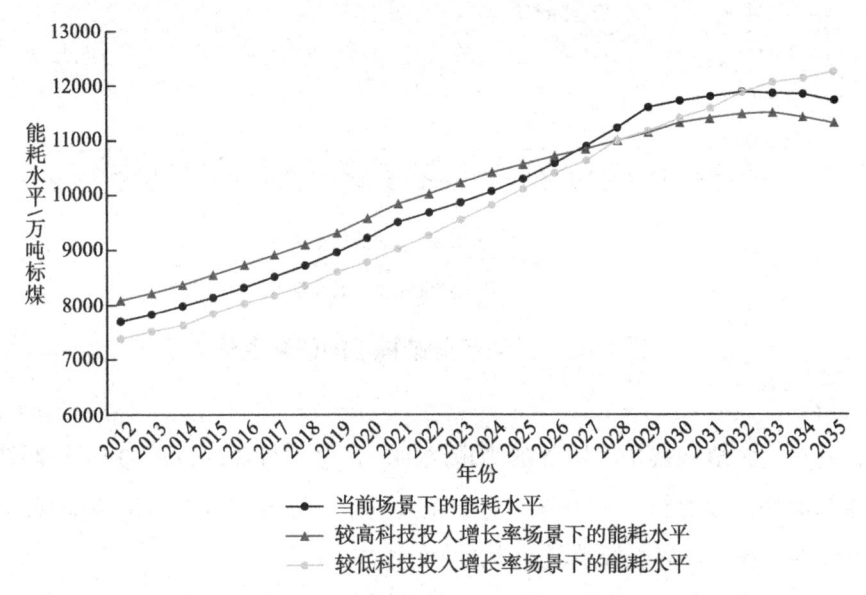

图 6-4 不同科技投入下能耗变化

与产业结构调整类似，增加对科技投资可能会导致初期能耗增加。导致这一现象的原因也与产业结构调整类似。科技投入的增加通常会促进生产和消费活动的进步，这些进步带来更高的能源需求。例如，技术进步可能导致在超大城市出现新的高能耗行业和产品，如数据中心、云计算和智能设备，这些都需要能源供应的支持。

（3）环保投入场景

令人惊讶的是，直接增加环境投资与能源消耗关系不大。在预测期结束时，高低场景与中场景在能耗水平方面的差异仅为 5%。主要原因如下：首先，情景设置的差异较小。目前中国已经是全球环保投资最高的国家之一，特别是这些超大城市已经代表了中国环保发展的前沿。因此，当前情景和高情景之间的差异非常小。其次，技术和设备升级周期较长。环保投资通常涉及升级和更换现有技术和设备，以提高能源效率和减少污染物排放。然而，设备更换和技术升级通常需要时间和金钱，特别是对于大规模生产设施。在这种情况下，环保投资的影响可能需要较长的周期才能反映在能源消耗中。

尽管增加环保投资对能源消耗的影响可能不会立即显现，但它仍然是实现可持续发展和减少环境影响的重要手段。随着环保技术的不断发展和成熟，再加上环保意识的增强，环保投资的效果将逐渐显现，对减少能源消耗作出更大的贡献。见图6-5。

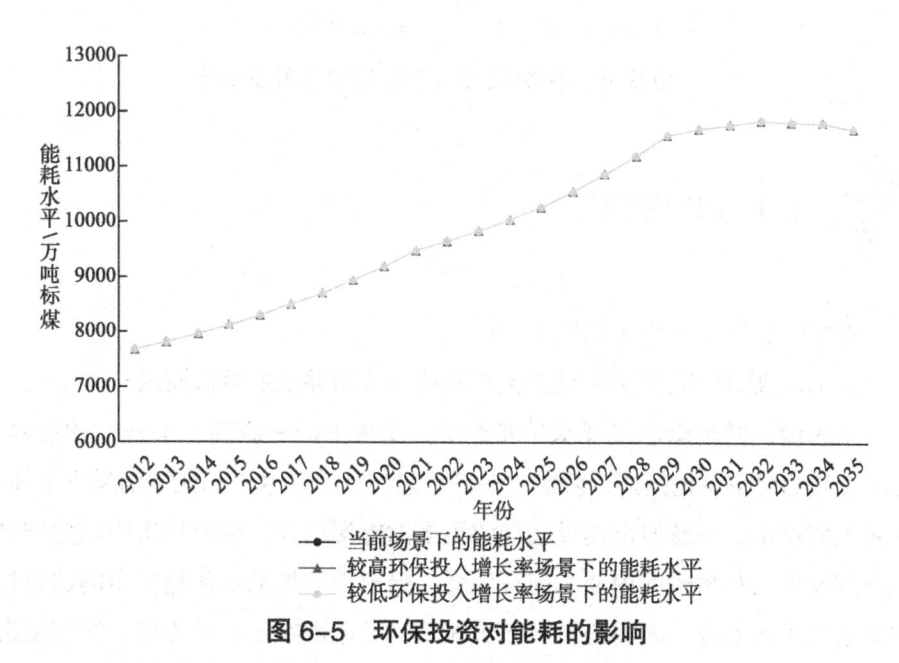

图 6-5　环保投资对能耗的影响

3. 智慧城市建设与绿色发展关系

智慧城市发展趋势和能源消耗的趋势是基本同步的。能耗曲线滞后于智慧城市发展水平曲线约三年。它们都在大约2030年初达到峰值，见图6-6。

也就是说，当智慧城市建设周期结束时，除非存在其他干扰因素导致与预期模式的偏差，否则智慧城市发展水平将保持稳定约5年。它对能耗的积极影响在那一阶段才会开始显现，并直到预测期结束。在预测期内，该影响尚未达到拐点。

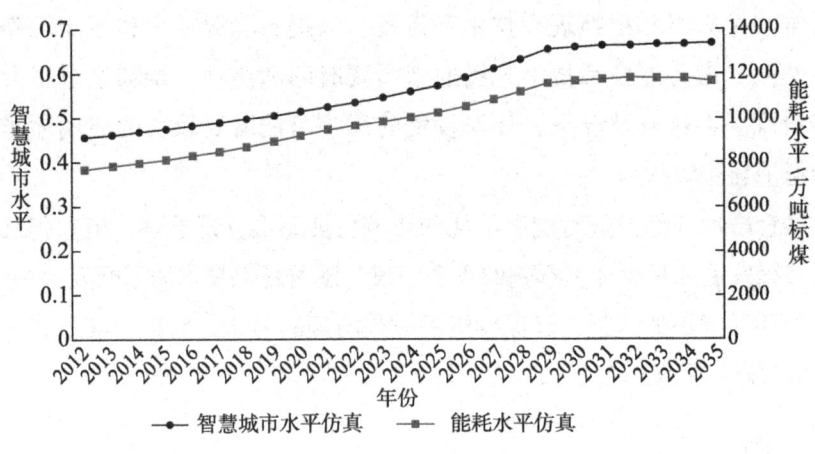

图 6-6　智慧城市与能耗趋势之间的关系

6.4　研究结论

根据以上分析，可以得出以下结论：

1. 超大城市智慧发展和能源消耗都呈现 S 形曲线的增长模式

相应地，城市绿色发展水平将经历"稳中下降—底部—上升"的过程。这一变化趋势主要包括两个阶段：一是智慧城市建设水平和能源消耗均增加。在超大城市中，智慧城市建设会导致更多的能源消耗。传统思维中认为智慧城市建设可以在短时间内减少能源消耗，但模拟结果显示智慧城市的建设过程会消耗更多能源，尤其是针对超大城市。其原因在于：一方面，智慧城市需要高性能的基础设施支持，例如传感器、监控设备、数据中心等，这些都需要大量电力支持。这在超大城市会体现出更明显的规模效应。另一方面，智慧城市建设依赖于大数据的采集、传输和处理。这些数据传输和处理过程也需要大量的电力。二是智慧城市建设完成后能耗水平逐步下降。正如我们在模拟结果中所看到的，当建设完成并所有智慧城市设施投入运营时，能源消耗将显著下降。因此，想要追求快速能耗下降，智慧城市并不是首选。

2. 外部因素以不同方式影响能耗水平

在这个模型中，经济结构、科技投资和环保投资被视为外部因素。经济结构中第三产业比例增加会导致城市能耗峰值出现会更早，且峰值水平较低；第三产业比例下降则意味着能耗峰值会出现得较晚，且峰值水平较高。在产业结构重组阶段，能耗水平可能会暂时上升，这是长期可持续发展的必要成本和过渡阶段。科技投入水平对能耗的影响趋势与产业结构类似。环保投资的变动对超大城市的能耗水平影响较小。

3. 超大城市的能源消耗水平高于全国平均水平

2022 年，中国人均能源消耗量为 3.83 吨标准煤，而同时期七个超大城市的平均水平为 4.43 吨标准煤。预测结果显示，超大城市的能耗峰值将在 2030—2031 年左右来临，达到 5.51 吨标准煤。造成超大城市能耗高于全国平均水平的可能原因如下。首先，人口密度高。人口密度的增加将导致单位面积能源需求的上升，例如住宅供暖、家庭用电、交通燃料等。其次，城市化程度高。有更多的企业、办公室、公共设施集聚在超大城市当中，这将会消耗更多的能源。最后，生活水平较高。大城市市民通常有较高的生活水平，人们的消费习惯可能更奢侈。这些城市的市民拥有更多的电子设备、家电、私家车等能源消耗产品，并且使用频率也更高。

下 篇

"双碳"背景下超大城市精细化治理

城市的绿色发展政策、技术等是促进"双碳"目标实现的直接手段，而提升城市治理的精细化水平则是有效的间接支撑。首先，城市精细化治理是实现双碳目标的重要手段。通过提高城市管理的人性化、科学化、精细化和现代化水平，加强现代城市管理发展规律的把握，可以推动城市各领域的低碳化发展，实现绿色低碳的目标。其次，"双碳"目标又是城市精细化治理的重要方向。"双碳"目标的实现需要减少碳排放、增加碳吸收，这与城市精细化治理所追求的绿色低碳发展是一致的。同时，"双碳"目标也要求城市在规划、建设、管理等方面更加注重资源节约和环境保护，这为城市精细化治理提供了新的方向和要求。

因此，城市精细化治理与双碳之间是相辅相成、相互促进的关系。通过加强城市精细化治理，可以推动城市各领域的低碳化发展，实现"双碳"目标；同时，"双碳"目标又可以引导城市精细化治理的方向和要求，推动城市向更加绿色、低碳、可持续的方向发展。

第七章
研究缘起：研究背景与意义

著名的未来学家奈斯比特（Naisbitt）认为，各种变革都是多种因素综合作用的结果，而非单一因素所能引发。城市管理体制的改革，其核心在于重构条块关系，这一改革路径与世界上主要国家自新公共管理以来的针对科层制改革的基本逻辑相吻合。此外，这一改革也是对网络化技术创新以及全球民主化浪潮的积极回应，同时也是化解管理体制深层矛盾的理性选择。

在学术层面，城市治理强调城市的整体性、协调性和系统性，以增强城市管理的科学性和有效性。而城市绿色发展则注重城市的生态保护、资源节约和环境友好，以实现城市的可持续发展。

因此，将城市治理与城市绿色发展相结合显得尤为重要。在城市治理过程中，应注重对城市绿色发展的引导和促进。同时，在城市绿色发展过程中，也应强调对城市治理的支撑和保障。例如，我们可以通过加强城市绿化建设、推广绿色建筑和节能减排等措施来促进城市的绿色发展；同时，也可以通过加强城市管理、完善城市基础设施和公共服务等措施来提高城市治理水平。

当前，城市治理面临着从"统治"到"管理"再到"治理"的转变，也面临着从"重建设轻管理"到"建管并重"再到"一以贯之，可持续发展"的理念更迭。带来这些变革的原因错综复杂，总的来看可以总结为技术升级、模式创新和阶段更新。

7.1 研究背景

1. 网络化与数据化：新技术引发的行政组织变革的历史机遇

随着社会的快速发展与技术的飞速更新，现代科层制受到了各种严峻挑战，网络化、民主化的浪潮，要求政府内外拆解集权化的堡垒，让更多的人参与到公共行政的活动中来，提升政府组织的行政效率。

第一，网络化为行政组织扁平化奠定了技术基础。网络技术正深刻地改变着传统科层制的内外部信息交流方式，有效地弥补了以往信息文件的垂直运送容量小、速度慢、出现时滞和失真等缺点。政府的各项政策与社会研究计划可以在直接快捷的网络上公布和通过，而不再用在复杂的组织内部做层层审批上报的公章履行，从而可以及时地付诸行动，大大提升政府效率。这种变革为大量地削弱中间层级，使金字塔型的科层制形态转变为层级少、管理幅度大、以横向流通为主的扁平式组织结构奠定了技术基础。

第二，信息技术为居民参与提供了更加便捷的方式。目前多个国家正在推动互动城市建模技术的发展，以实现对不同城市建设方案可模拟、可实验室检验的效果，帮助非专业人士深度参与城市管理。各国政府与非官方学会、私营机构合作，为有志于参与城市管理规划建设的个人和组织提供各种比赛、活动，培养全社会为城市管理规划出谋划策的能力和热情。利用互动城市建模技术，居民能够以较低的成本参与城市建设管理的前端工作，街道和社区层面的精细化建设理念将得以推广落地。行政组织与居民的沟通内容从管理延伸至规划，可以有效地减少未来可能出现的管理问题。

第三，信息技术为城市绿色发展带来了许多新的机遇。通过优化交通系统，信息技术能够降低车辆排放和能源消耗，减少对环境的污染。同时，信息技术也推动了绿色出行的发展，例如，共享单车和电动汽车等绿色出行方式，可以缓解城市交通压力并减少碳排放。此外，信息技术还可以通过智能能源管理系统，提高能源利用效率并减少能源浪费。它也能促进循环经济的发展，实现资源的最大化利用，减少对自然资源的消耗并减少对环境的污染。

最后，信息技术还可以提升环境监测和管理水平，实现对环境状况的实时监测和管理，及时发现环境问题并采取相应措施。这些机遇共同为实现城市的可持续发展提供了支持，保护了生态环境并改善了人民生活质量。

2. 从管理走向治理：国家治理模式创新的战略部署

网络化引发了民主化浪潮对公共事务管理模式的冲击，要求从单一主体的统治向多主体共治的模式转变，政府、市场、社会在城市建设管理中必然将形成新的利益格局和合作关系。党的十八大以来，以习近平同志为核心的党中央明确提出，全面深化改革的总目标是完善和发展中国特色社会主义制度、推进国家治理体系和治理能力现代化。党的十九大报告从统筹推进"五位一体"总体布局、协调推进"四个全面"战略布局的高度，对社会治理问题高度重视，明确提出打造共建共治共享的社会治理格局，提出一系列新思想新举措，为新的历史条件下加强和创新社会治理指明了方向。

强调"国家治理"而非"国家统治"，强调"社会治理"而非"社会管理"，不是简单的词语变化，而是思想理念的变化。"国家治理体系和治理能力现代化"，是一种全新的政治理念，表明我们党对社会政治发展规律有了新的认识，是马克思主义国家理论的重要创新，也是中国共产党从革命党转向执政党的重要理论标志。

3. "三个激增"：超大城市治理新特征

（1）城市管理任务激增

任务激增受到两个方面的影响：一方面是城市规模迅速扩张。例如，七座超大城市2000年常住人口为9799.98万人，2022年常住人口共23098.89万人。城市规模的扩张为城市治理带来了巨大的压力。另一方面，原有单位制解体，大量依托于单位制进行的管理，释放到社会，城市政府面临的管理任务更加宽泛，涉及城市政治、经济、社会、环境的方方面面，管理任务激增。

（2）城市管理难度激增

难度激增体现为城市管理呈现出前所未有的高度复杂性与高度关联性。高度复杂不仅是指大城市向超大城市转变带来的管理技术复杂程度的提升，还包括城市管理问题的复杂程度激增，作为复杂巨系统的超大型城市，其城市管理包罗万象，涉及众多人群，包含居民的生活、生产、发展的诸多问题，大量看似简单的问题背后往往关联着政治、经济、社会、环境等多方面，与历史的、政策的、环境的、人为的、规划的等多重因素相互纠葛；高度关联性是指越来越多的问题纠葛在一起，不同层面的行政职责履行往往涉及诸多的管理部门和层级，同时还有大量管理任务不能清楚区分管理责任的隶属，管理责任的可辨识度越来越低，管理难度激增。

（3）城市管理风险激增

超大城市往往是一个地区的核心，超大城市的管理不仅是本身的问题，更是区域甚至国家形象的象征。其城市治理行为法理依据是否充分、行为过程是否合规、行政效率是否高效、行政效果是否利民、矛盾解决是否公平等，不仅会深刻影响本地居民的满意度与获得感，更深刻影响着国家的形象，甚至会直接影响执政党的执政基础；这不仅意味着管理要求的高标准，也带来管理行为的高风险。

4. 从规模扩张到内涵式发展：超大城市进入新的发展阶段

2015年，中央城市工作会议明确提出，要统筹政府、社会、市民三大主体，创新城市治理方式，加强城市的精细化管理，这需要构建出一个新型的"政府—社会—市民"体系。

（1）超大城市发展进入了新的历史阶段

伴随着以大规模的城市建设为特征的城市化扩张式发展阶段的结束，超大城市进入了管、建结合以精细化管理提升城市品质的内涵式发展新阶段。首先从城市发展的动力来看，以经济（GDP）增长速度为导向、依靠房地产行业、依赖土地财政的发展模式必须调整，要更加关注有质量的增长，让高精尖产业真正成为支柱性产业。其次，从城市管理模式来看，条块分割的城市管理制度难以适应城市管理任务几何级数的增长，必须重塑城市治理机构体系，构建基于整体治理理论的权责清晰的属地化管理模式。再次，从城市发展目标来看，满足人民群众对美好生活的向往成为城市发展的核心目标。最后，从城市管理手段来看，一方面随着城市精细化管理水平的不断提高，城市管理的专业细分度随之提高，这需要统筹管理与专业管理相融合；另一方面，在信息化和人工智能的时代，要充分利用先进技术手段加强城市精细化管理的水平。

（2）城市管理走向精细化是提升城市管理水平的基本路径

在新的历史阶段，城市管理水平的高低不仅直接影响着超大城市的发展质量，甚至直接关系城市的安全运行与城市功能的实施。近年来，随着城市规模不断扩大，超大城市面临人口膨胀、交通拥堵、环境污染等诸多大城市病的困扰，超大城市这类问题数量多、影响面广，呈现出前所未有的复杂性与高度的关联性，传统的城市管理手段与方法已经无法应对超大城市管理这一严峻局面；只有依托现代的信息网络技术以绣花的态度实施精细化的城市管理，才有可能应对超大城市管理面临的复杂局面；对于超大城市来说，城市精细化管理绝不是可有可无的管理模式创新，而是安全运行、持续发展、实现新的历史阶段城市发展目标的基础与保障。

（3）完善城市管理的体制机制是提升城市治理水平的基础与保证

城市管理精细化势必对于城市管理体制机制产生巨大的影响，客观上要求城市管理体制和机制必须做出相应变革。2015年，习近平总书记在中央全面深化改革领导小组第十八次会议中提出：推进执法体制改革，改进城市管理工作，要主动适应新型城镇化发展要求和人民群众生产生活需要，以城市管理现代化为指向，坚持以人为本、源头治理、权责一致、协调创新的原则，理顺管理体制，提高执法水平，完善城市管理，构建权责明晰、服务为先、管理优化、执法规范、安全有序的城市管理体制，让城市成为人民追求更加美好生活的有力依托。习近平总书记的指示精神为城市管理体制改革指明了原则和方向。基层治理作为城市治理的根基，更需要坚持"以人为本、源头治理、权责一致、协调创新"的原则，厘清职责，优化流程，为市民打造和谐宜居、幸福快乐的城市生活环境。

（4）绿色可持续发展成为超大城市治理的重要目标和手段

超大城市由于其庞大的经济、社会和环境压力，需要采取创新和可持续的方式来治理和管理。绿色可持续发展强调经济、社会和环境的协调发展，这与超大城市治理的目标一致。同时，绿色可持续发展采用先进的科技手段来推动城市治理，例如物联网、大数据、人工智能等，这些技术可以促进资源节约、环境保护和生态修复等方面的发展。另外，绿色可持续发展强调多元参与和合作，这与超大城市治理的方式也是一致的。超大城市治理需要政府、企业、社会组织等各方面的参与和合作，共同推动城市绿色发展。通过建立伙伴关系、制订协同行动计划等方式，可以更好地实现多方合作和共同发展。因此，通过推动经济、社会和环境的协调发展，利用先进的科技手段以及促进多元参与和合作等方式，可以更好地实现超大城市的治理和绿色发展。

7.2 研究范围界定

本篇以超大城市为研究对象，内容中主要案例来源于北京市的实践。内容以系统论的整体思想为指导，以人民的满意为总体导向，以"纵+横+专"的角度提出具体举措。纵向强调组织的优化和带反馈的工作机制；横向强调部门间的合作和主体间的协同；专则强调智慧化和绿色化在城市治理中的积极作用。同时从激励机制、评价指标体系和法制体系方面提出保障措施建议。研究希望不仅为超大城市，也能为我国其他城市精细化管理创新提供有益的参考。

具体研究框架见下图。

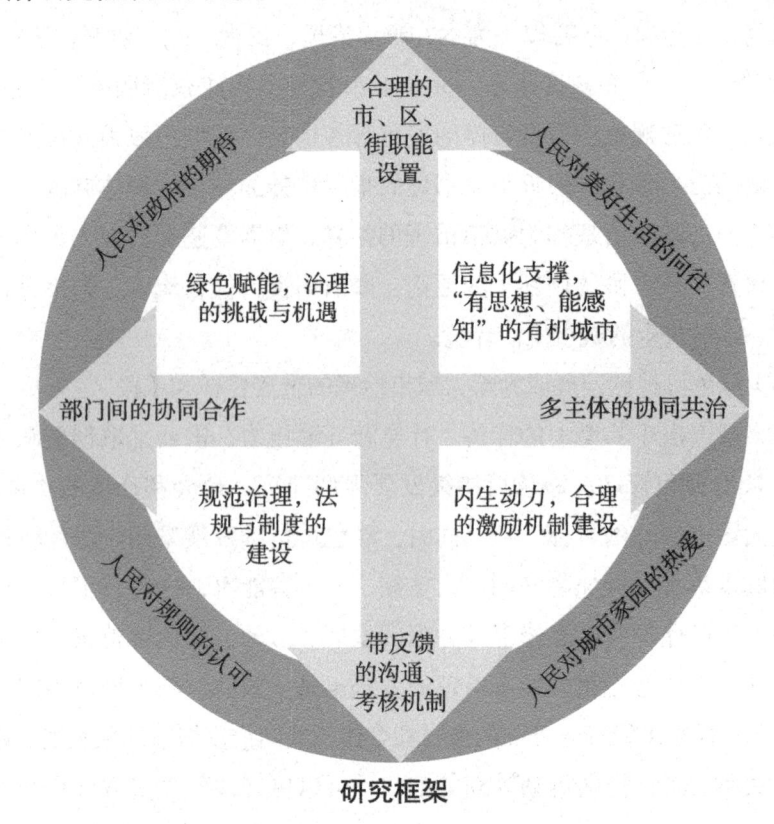

研究框架

第八章
超大城市精细化治理存在的问题

随着城市的扩张和专业化分工程度的加深，专业化分工管理体系自身固有的矛盾与问题逐步显现，尤其是"碎片化"现象日益凸显，管理职能与功能的碎片化、不同部门间的竞争与互斥、信息的封闭与分割，城市管理各部门有共同或相近目标，却缺乏相互沟通与合作的渠道，致使部门间执行工具与手段呈现相互冲突的情形，甚至导致地盘争夺或者责任的推诿。"碎片化"正在成为制约城市管理水平提高的主要问题之一。此外，管理职能的缺位、错位和越位仍然存在，运行机制的无力也日渐凸显。城市管理中的问题可以细化为以下五个方面。

8.1 组织部门条块分割、功能碎片化现象普遍存在，组织协调整合机制不健全

在传统的科层治理、竞争治理等政府治理模式下，政府机构的职权划分、管辖权限与边界增殖产生了一个不可忽视的矛盾，即一方面各个职能部门都在不断提升自己的管理水平，另一方面部门间的协作和沟通却远远不够。政府部门出于对自身利益的考虑而对相关信息实行了人为的封闭与分割，局限于地方和部门的资源与权力的运用，缺乏应有的协调和整合。具体体现在以下几个方面。

1. 政府部门分工细致，但统筹不足

从整体性治理理论的角度，政府组织在目标和手段之间的冲突问题并非如专业化和分化等政府组织"内"的问题，而是不同政府组织"间"的问题，这一问题的根源在政府专业部门组织间的碎片化发展趋势，与专业化分工相伴而生的是职能的碎片化和统筹的困难。

政府部门职责分工过细，往往使得部门间统筹协调的成本过高。例如，拆违需要参与的部门主要有规划和自然资源委员会（以下简称规自委）、住房和城乡建设委员会（以下简称住建委）、城市管理委员会（以下简称城管委）、城市管理综合执法大队等，但是这些部门的权限是不同的：规自委的权限在于认定违法建筑，不负责拆除和治理；住建委有自己的执法大队，但是没有拆除的资格；城管委是拆违的牵头单位，但是还需要城市管理综合执法大队的执法资格进行治理；同时所有的工作都需要街道办事处负责协调。所以，在实施具体的拆违工作时，往往需要统筹调动所有相关部门联合开展工作，协调难度大、成本高。

2. 部门内部信息系统完善，但交流不畅

在信息化时代，人们的生产生活方式正在向互联互通的信息化方向发展，但是一些政府部门的信息化建设还停留在资源经济的思维上。资源经济的特点是独享的、不可分割的、一次性使用的；而信息资源是可复制、可共享、无限次使用的。目前，很多政府部门的信息系统是独立的，没有彼此的共享机制，更没有利用这些数据进行挖掘。例如，根据各类信息构筑的个人、企业征信系统就可以成为信息共享的产物。

目前，城市所有的委办局都有完善的电子政务系统，各类门户网站的建设也都十分成熟。部门内部的工作流程已经能够借助信息系统实现顺畅的流转，办事效率也有大幅提升。但是具体部门的业务还是要在页面上点击各个部门的链接进入自己的网站才能办理，这和信息整合还有较大的差距。

8.2 机构设置不够科学，难以适应城市精细化管理的新挑战

1. 政府机构设置比例倒挂

目前我国超大城市政府机构的整体组织架构还没有突出体现超大城市功

能定位和特点，政府各部门机构的结构比例还须进一步提升。以北京市为例，北京市政府设置54个行政机构，与城市管理直接相关的12个，约占22%，区级政府设置37个行政机构，与城市管理相关的10个，约占27%；街道办事处在大部制改革后设置6个行政机构，其中城市管理办公室专职负责城市管理相关工作，约占16%。市、区、街在城市管理方面的机构设置基本呈现一个"倒塔形"结构。而实际城市管理工作恰恰相反，呈现正金字塔形式。这种模式与小政府大社会的现代管理理念，以及强化基层、充实基层、充分发挥基层在城市管理中的基础性作用的管理要求背道而驰。

2. 城市管理委员会对其他部门的统筹缺乏抓手

城市管理委员会作为实际上的协调机构，对城市运行中涉及的其他部门并没有控制、调度、指挥的权限。例如交通问题有交通委，占道经营涉及工商和市场监管，城市水环境涉及环保和水务，城市生命线系统涉及各个独立的企业。城市管理委员会履行着横向兜底的责任，但却没有被赋予横向统筹的权利。权责不对等的现象严重制约了其工作的开展。

3. 条块关系仍然不顺

目前，城市管理主要是通过"两级政府、三级管理、四级网络"来进行管理，这些管理职能是同一性质的职能在不同层级之间的分工，严重制约着城市管理效能的发挥。这几年的改革，也并没有按照管理职能的属性来确立城市管理层级以及处理条与块之间的关系。第一次城市管理工作会议，提出了要理顺街道与政府各职能部门的关系。但经过多年的实践，街道和政府职能部门之间的关系依然未能理顺。部门之间、条块之间职责不清、关系不顺、统筹协调机制不健全等问题依然存在。垂直管理部门与区县政府之间的关系还不够顺畅，影响了区县政府职能的完整性，削弱了区县政府统筹协调解决本地区经济社会问题的能力。

8.3 政府城市管理职能存在着缺位、错位和越位现象

1. 职能缺位的主要表现

一方面，由于机构的缺失而引发职能的缺位。一些涉及城市管理的重大

问题，需要由政府职能部门进行及时协调处理的，由于缺少城市管理的综合协调机构，或者说是综合协调机构的权威性不够强，相当一部分需要由综合协调和共同处理的工作未能及时推进，或者开展实施的效果大打折扣。另一方面，一些管理职能虽然配置给某一部门，但又没有配置必要的人员编制，使得这些职能在城市管理活动中难于有效履行。

2. 职能错位的主要表现

一是一些城市管理职能被分散在多个部门之间，甚至在不同的管理层级之间，使得这些职能在行使过程中，必然会出现由于权限不清、责任不明、边界模糊等问题而造成推诿扯皮及"有利的事情抢着管，没利的事情没人管"的现象。二是一些部门热衷于抓权、抓事，扭曲了政府所赋予的管理职能，使得应该履行的职能未能履行。三是一些可以由社会和市场承担的职能，政府参与较多，加重了政府负担，加大了城市管理的成本。

3. 职能越位的主要表现

一是一些部门超越自身管理和服务权限，做一些不应该由本部门做的事情。二是一些职能部门超越本部门的权限，从事应由上级部门或其他部门管理的事项。比如，不符合城市发展规划的大量违章建筑，大都是政府部门或机构越权审批造成的。

8.4 缺乏规范常态的内部运行机制，与建设法治化政府还有一定距离

1. 市级政府运行依赖于行政强制

法治政府的运行管理，特别是政府内部的运行管理，在法律法规授权的基础上，主要行政手段之一是依法制定各项工作的中长期发展规划和短期计划，以及与其配套的财政预算规划，通过本级人民代表大会审查通过后予以实施。现在，各级政府也制定了相应的规划计划，但是，在具体工作的安排中，往往与同期规划计划脱节。倒如，市级部门每年向市委、市政府报送的"为民办实事"和"折子工程"，由于计划没有变化快，很多项目往往不在规划

之中。与此同时，市委、市政府下达的"为民办实事"和"折子工程"，基本上是采取行政强制的手段下达给市级各职能部门，而各职能部门又用同样的方式下达给全市各区，然后，就是一级一级地开会布置，一级一级地进行监督、检查和评比，造成基层管理者的工作就是开会和应付检查。这是行政强制的典型案例。目前，在政府各系统、各领域、各部门的工作中，基本上是采取这种行政强制的手段开展工作。这种行政强制的运行方式与依法行政是有区别的。

2. 区级政府运行依赖行政强制、经济手段加个人资源

在调查中发现，区级政府给街道（乡镇）布置工作、下达任务，一是依靠行政强制，包括强制服从、强制接受、强制办理、行政授权、行政奖励、行政处分、职务升降等强制手段。二是靠经济手段，而不是能为城市发展带来怎样的收获。三是依靠个人资源。上述三种运行方式不完全符合依法行政的要求。

3. 街道、社区工作依赖个人资源、奉献精神和思想觉悟

街道、乡镇、社区存在一个普遍的现象，准确地说是问题，就是他们在日常运行和推进工作中，利益驱动的作用非常小。因为，有限财政的资源分配到这一层面往往数额很少，于公于私而言，其利益已经非常小了，对于开展工作、完成任务、服务居民，其资金投入非常欠缺，经常捉襟见肘。这种情况下，为了完成上级布置的工作、地区的建设发展和保障组织机构正常运转，区跟街道、乡镇之间，街道、乡镇跟社区之间，大家只能依赖长期结成的个人友谊，凭着长期合作共事的默契，秉持着个人的思想觉悟、政治素质和奉献精神在坚守岗位，在默默无闻地为党工作、为政府办事、为居民服务。这种城市运行状态与建设法治化、规范化、制度化、常态化政府的差距是很大的。

8.5 城市综合行政执法体制不顺，不能满足城市精细化管理的要求

城管综合执法制度是伴随着城市规模迅速扩张而产生的，是行政体制机制创新的产物，一经产生，在城市管理中就发挥了重要的作用；尤其在解决

城市快速扩张阶段与居民生活密切相关的大量的城市环境和秩序问题、降低行政成本方面发挥了独特的不可替代的作用。但是不容否认的是，城管综合执法制度存在着先天性的制度缺陷，在城市发展进入新的历史阶段后，这一缺陷已经影响到城市精细化管理的推进，城管综合执法制度也需要进行相应的改变与创新。其问题主要体现在以下三个方面。

1. 精细化城市管理背景下末端执法与前端管理之间的职能边界需进一步厘清

目前的综合城管执法体制机制安排是将原来分散地存在于城市管理各个部门的执法功能单独划转出来成立独立的综合执法机构，由此将前端管理与末端执法的内部关系演变为两个部门间的外部关系，也就产生了大量的部门间的前端管理与末端执法的衔接问题。在城管综合执法制度不断形成与发展的30年中，大量的与城市管理有关的执法职能划转到城管，但是职能边界始终未能界定清晰，衔接问题突出：

第一，末端执法与前端管理不衔接。城管作为末端执法，往往对前端管理部门失职失责失察、不作为、乱作为等行为无可奈何，客观上加大了城管执法工作的负担和工作难度。城管作为专司处罚权的部门，不得已还要参与前端部门的管理工作和服务工作。

第二，主责与辅责不清。由于权限转移和划分得不够清晰，以及城市管理任务的复杂性，使得相当一部分的管理责任不清。主责与辅责的划分不清、责任单位与权属单位责任不清，这给城管执法工作带来相当大的困难。

第三，处罚与监察失衡。主要表现为处罚有余、监察不够，在执法过程中，较多地、习惯性地使用处罚权，而对监察权使用不够也不得法，客观上使得城管的监察作用没有充分发挥出来。

最典型的案例就是大量违法建筑的存在，本身就是由于前端管理不到位将问题推到后端执法来解决，不仅导致管理成本极大地增加，管理效率低下，更重要的是影响了行政管理的严肃性与权威性，降低居民的满意度。精细化城市管理要求政府部门职能定位细化，行政部门之间的关系更加清晰化，城管综合执法部门与其他前端管理部门的关系需要进一步厘清，唯此才能真正推进城市精细化管理。

2. 精细化城市管理背景下市区街城管综合执法机构的职责及关系需调整

在课题组调查中各基层单位反映最多、最为尖锐的就是市、区、街三级城管综合执法机构的责权利配置与城市管理任务不匹配、不合理。一方面是发现问题与解决问题的机制不匹配，所谓"看得见的管不了，管得了的看不见"。另一方面，尽管伴随着城管执法力量的下沉，已经在一定程度上缓解了基层执法力量不足的现状，但是市区两级城管执法机构的职能也应相应调整，唯此才能真正实现管理职能与任务的匹配，实现城市精细化管理。

3. 城管综合执法力量下沉后街道城管综合执法机构的法律地位需明确

当前实施的区级城管执法局的街道分队人财物管理权下放街道的制度安排存在不可回避的问题，主要是，街道不是一级政府，仅仅是区政府的派出机构，街道本身没有执法权。当街道全权管理城管分队的人财物的同时，就割断了街道分队作为区级城管局组成部分的基本联系纽带。此做法虽然有效，但是存在制度缺陷，即当人财物全权由街道管理之后，城管街道分队事实上已经成为街道的组成部分，而街道自身仅仅是区级政府的派出机构，没有执法资格，街道执法分队作为街道的组成部分在执法中面临合法性风险。由于街道在城市管理体系中地位独特，其事实上已经成为城市管理的兜底责任者，而这一责任履行的最重要的支撑就是具有城市管理综合行政执法权的城管队伍。如果没有这样一支队伍，本来就集中于基层的大量的城市管理任务就无法完成，城市精细化管理也无法实施。因此，应坚持城管综合执法力量下沉街道，但是要解决其执法合法性问题。

4. 城管综合行政执法与其他行政执法队伍综合行政体制改革需推进

目前，城管领域实行的是综合执法，涉及的权限很多，承担着多个行政部门的行政处罚权。而其他领域的执法多为单一权限专业执法。这导致一方面城管执法过程中交流沟通的成本大大增加，问题处置难以在前端快速完成，往往需要漫长的沟通协作；另一方面二者存在层级上的落差，城管执法队伍目前主力下沉到街道层面，而专业执法则多为市区层面，两者在管理层级上存在错位，导致城管执法队伍更难与专业执法队伍进行联动。

第九章
以"六度"为导向的超大城市精细化治理战略

　　超大城市不仅是我国经济发展的重要引擎，更是 1.5 亿人口的美丽家园。它们当中，有气韵非凡的行政中心，有精致现代的经济中心，有洒脱仗义的津门故里，有闲适安逸的天府之城，有豪爽江湖的山城雾都，有敢为人先的经济特区，还有兼容并蓄的湾区之星。它们是带动区域发展的动力之源，是创建璀璨文化的种子，是当地市民生活的土地和精神归宿。

　　因此，超大城市定位复杂，功能独特，地位重要。城市治理的方式也应有与之匹配的新手段、新方法、新定位。

　　为此，本研究提出了"六度"治理的理念。在"六度"理念体系中，"'以人为本'的温度"是核心，城市治理要以人民的利益为中心，建设人民城市；在城市治理的定位方面，要体现超大城市的高度；在城市治理的体系方面，要凸显多元主体的维度；在城市治理的环境建设方面，要打造生态宜居的风度；在治理体制机制创新方面，要追求治理高效的速度；在城市治理的智慧赋能方面，要利用网络信息技术手段提升智慧引领的精度。见图 9-1。

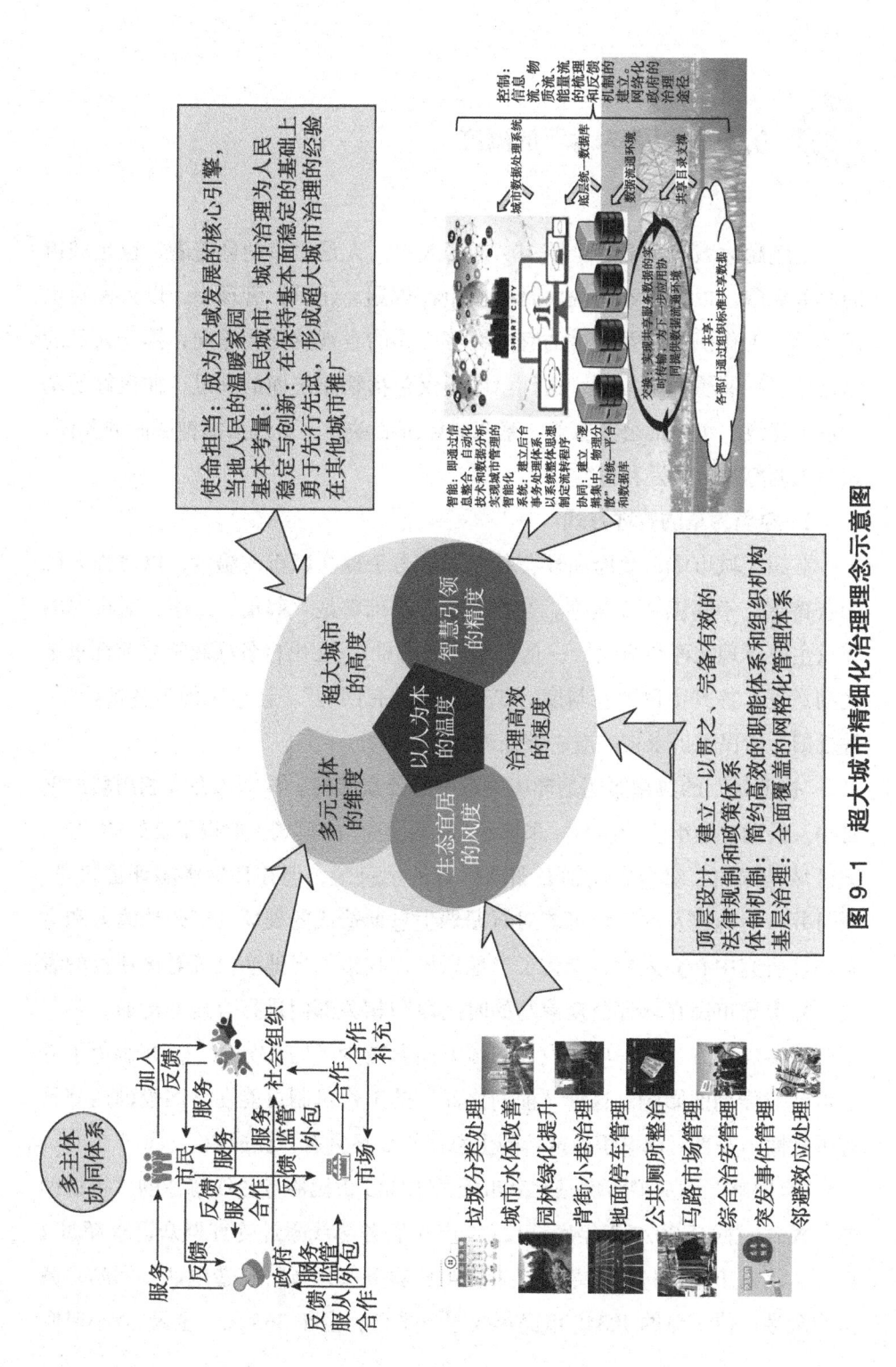

图 9-1 超大城市精细化治理理念示意图

9.1 "以人为本"的温度

七座超大城市承载着全国 10.6% 的人口。人是城市的创造者，也是城市的服务对象。以人为本的温度是指城市在规划、建设、管理中，以人民对生活品质、工作机会以及城市的宜居性等方面的直观感受为导向，提升人民的满足感、归属感和幸福感。这种温度不仅包括物质层面的满足，如良好的基础设施建设、优质的公共服务、繁荣的经济活动等，更包括精神层面的关怀，如对人的尊重、关爱和包容。

1. 尊重为基的管理方式

在超大城市中，政府和社会各界都致力于提高城市的温度，以增强人民的获得感、幸福感和安全感。这些行动的基础都是"尊重"二字。对市民的尊重主要体现在两个方面：一是打出"提前量"，在出台各项政策之前征求市民的意见，提升市民的参与度；二是做到"有回响"，让市民的声音被听到、被反馈，市民的诉求被响应、被处理。

"提前量"的典型案例是环境决策中的公众参与。深圳市在大鹏湾填海项目中，借助社会组织的参与，采取了"前期协商"的模式，取得了良好的效果。该区域是国内二级保护动物石珊瑚群落的生息地，但在环境影响评价阶段，项目并未明确提及此工程可能对石珊瑚生息地造成的破坏。广州珠湾人和生态环境研究中心介入后，走访了当地居民，收集了当地渔民等对该项目的看法，并引导市民在环评公众参与的时间段与相关部门进行合规的沟通，参与了座谈会。最终，这一项目设计的填海面积减少了约三分之一，并避免了悬浮泥沙对珊瑚的影响。这种"前期协商"的工作机制可能在全国范围内都具有可行性，并且对国家积极推行的生态保护目标具有积极成效。

"有回响"的典型案例是北京市依托 12345 市民服务热线打造的"接诉即办"模式。截至 2022 年年底，12345 市民服务热线累计受理群众诉求超过 1 亿件。北京市结合机构改革设立市级政务服务管理局，打造电话、网站、微信公众号三位一体的 12345 市民热线服务平台，全年 365 天、全天 24 小时倾听群众诉求，形成"统一模式、统一标准、左右协调、上下联动"的快速响应机制。根据诉求类型和办理需要，全方位联结全市16个区、300多个街道乡镇，全口径对接各行政管理部门与公共服务企业，实行"2小时、24小时、7天和15天"四级处置模式。广大党员干部闻风而动，坚持"合理诉求上门办、不合理诉求上门劝、咨询建议上门谈"，点对点向群众反馈诉求办理情况，做到"事事有回音、件件有落实"。市民反映的各项问题都能够得到积极回应，个人诉求得到了尊重，对政府服务的满意率不断提升。

2. 有烟火气和人情味的城市氛围

市民不仅是城市温度的感受者，也是城市温度的贡献者。很多超大城市面临着从"单位制"向"社区制"转变过程中社区邻里间的"降温"问题。城市的"升温"需要从基本单元社区做起。一方面街道、社区工作人员为居民营造更加和谐友爱的氛围；另一方面市民个人也应当更加积极主动地融入社会网络当中。民间自发成立的基于兴趣的团体可以成为城市温度提升的排头兵。

例如"来了就不想走的城市"成都在这方面就有较好的实践经验。一是成都建立了较为成熟的志愿服务体系，志愿服务记录数据呈现出逐年增长的趋势。截至2020年，累计志愿服务时长已经从2012年的103万余小时飙升至474万余小时。这一令人瞩目的成就背后，离不开无数热心志愿者和普通市民的共同努力。二是成都依托社区建立了"末梢"的新时代文明实践站。例如在新桥社区，"四方匠艺馆"的传承非遗文化基地、乡愁记忆墙、党建有声图书馆、"心馨听您说"等频道都成了促进城市末梢血液循环，提升城市温度的有力支撑。

3. 需求导向的治理体系

"人民城市人民建，人民城市为人民。"市民的需求就是城市建设的方向。需求导向的治理体系建设需要循序渐进，不断深入。首先，要建立完善需求的收集体系，畅通市民意见反馈渠道；其次，要建立需求分析体系，对市民的需求分类、分级；最后，要建立积极的改进机制，对合理的、可行的市民需求进行主动响应。

上海市在响应市民需求领域一直走在国内前列。例如上海市静安区民政局在区内推广了"社区分析"工具，市民可以利用手机扫码上传对城市治理的需求和看法。2020年静安区民政局在既有"增量的全面需求调研"的基础上，增加了"存量的部分信息更新"工作，共计调研21万余户。调研信息在了解市民所在街道、年龄、性别等基础信息的基础上，关注市民对社区的需求。调研发现市民对物业、业委会等服务，公共设施完善，社区便民维修以及小区周边设施等4项内容，需求度均超过60%，另外便民服务生活信息、热线咨询，文体活动设施，垃圾分类指导，居民体质监测等4项需求度均超过50%。基于此，当地政府得出结论，那些"高大上"的服务对市民的吸引力并不高，反而是身边的基础需求质量提升更能提升市民的满意度。为此，在2021年静安区借助城市更新的契机，对基础设施翻新，对基本公共服务进行提升。在2022年的调研中，当地居民的满意度有了显著提升。

9.2 超大城市的高度

1. 区域发展引擎的使命担当

目前，我国已经形成了12个国家级城市群，包括长江三角洲城市群、珠江三角洲城市群、京津冀城市群、中原城市群、长江中游城市群、成渝城市群、哈长城市群、辽中南城市群、山东半岛城市群、海峡西岸城市群、北部湾城市群、关中平原城市群等。其中，长三角、珠三角、京津冀、成渝四个城市群的核心城市就是七座超大城市。超大城市与它所在区域发展是相辅相成的。

第一，城市群的建设离不开核心城市的引领。城市群是由核心城市引领和聚集而成的城市群落，而这个核心城市通常是超大或特大城市。作为城市群的枢纽，超大城市可以向周边中小城市提供资金、科技、人才、信息等多方面的支持，并形成以超大城市为核心的产业集群。通过这种方式，超大城市能够有效地带动城市群的整体发展。例如，上海作为长江三角洲城市群的核心城市，通过与周边城市的内部促进和外部联动，实现了协调发展，从而带动了整体经济效率的提升和经济的快速增长。

第二，超大城市的发展也离不开城市群的支撑。周边城市为超大城市提供了丰富的资源，包括低廉且充足的人力资源、土地资源、广阔的市场需求以及配套产业。如果离开了周边城市的支持，超大城市的发展可能会失去根基和源泉。超大城市以其视野高度、科技力量和优质产品参与国内国际竞争，同时通过与周边城市的产业分工和互补来带动都市群的发展。

2. 守正与创新的动态平衡

超大城市同时肩负着"稳定器"和"助推器"的双重作用。一方面，稳定发展是创新先行的前提和基础；另一方面，创新先行是超大城市稳定发展的动力和保障。

第一，超大城市的稳定发展是创新先行的前提和基础。在城市发展过程中，稳定的环境和基础建设对于吸引创新人才、促进创新产业的发展至关重要。如果城市的基础设施不完善、社会不稳定、环境恶劣，那么很难吸引高端人才和资本投入，也难以推动创新产业的发展。因此，超大城市需要首先注重稳定发展，加强基础设施建设和社会治理，提高公共服务水平，为创新先行创造良好的环境和条件。

第二，创新先行是超大城市稳定发展的动力和保障。创新是推动城市发展的重要引擎，特别是在经济全球化和科技快速发展的时代背景下，创新已经成为城市竞争力的核心要素。超大城市通过吸引创新人才、培育创新产业、打造创新平台等方式，推动科技创新、产业创新、产品创新和市场创新等方面的发展，从而带动城市经济的持续增长和社会进步。同时，创新先行也能够为超大城市的稳定发展提供新的动力和保障，促进城市的可持续发展。

超大城市的稳定发展与创新先行之间存在相互促进、相互依存的关系。超大城市需要在稳定发展的基础上推进创新先行，通过创新先行推动城市的稳定发展和提升城市竞争力。

9.3 智慧引领的精度

习近平总书记指出，要"不断做强做优做大我国数字经济"。数字经济在城市领域的落地就是智慧城市的建设。截至 2023 年 5 月，我国智慧城市试点数量累计已达 749 个，七座超大城市均为第一批试点城市。区别于其他城市，超大城市的智慧建设具有三方面的优势和三方面的挑战。优势主要体现在规模效应明显、经济实力雄厚、科技水平领先；劣势主要体现在建设需求多样、安全风险更高、整合困难更大。因此，要提升超大城市智慧引领的精度，主要路径有以下几个方面。

1. 基于整体治理理念的智慧城市框架设计

基于整体治理理念的智慧城市整体框架设计，应当构建一个综合性、协同性、动态性的系统，以实现城市的智慧化管理和服务。该框架设计应遵循以下关键要素：首先，强调数据的共享与整合。通过制定统一的数据标准，构建共享目录和精细化管理目录体系，实现城市各部门、各行业之间的数据互通和共享，打破信息壁垒，消除数据孤岛。其次，注重数据的实时交换与流通。建立高效的数据交换网络，确保共享服务数据的实时传输，为城市管理和服务提供及时、准确的数据支持。再次，实现跨行业、跨部门的协同合作。通过构建统一平台和数据库，以目录体系和交换体系为支撑，实现行业内、城市内应用的协同，提升城市治理的效率和效果。此外，框架设计还需注重系统的整体性和关联性。要全面掌握城市精细化管理中各要素相互关系和变动的规律性，体现整体性、关联性、等级结构性、动态平衡性和时序性等特征，确保城市管理的系统性和可持续性。最后，通过运用先进的信息技术，如信息融合、自动化技术和数据分析等，实现城市管理的智能化。通过智能化手段提升城市管理的精细化和高效化水平，为市民提供更加便捷、高效的服务。

综上所述，基于整体治理理念的智慧城市整体框架设计，应综合考虑数据的共享、交换、协同、系统性和智能化等要素，以推动城市的智慧化进程，提升城市治理的现代化水平。

具体设计框架见图 9-2。

2. 建立全生命周期的智慧化链条

超大城市中，多元协同智慧化建设体系已经较为成熟。从产业链的角度看，超大城市汇聚了信息技术的前端驱动——高校。七座超大城市共有 48 所 211 院校，占全国 211 高校数量的 41%。这些高校为超大城市的智慧化城市

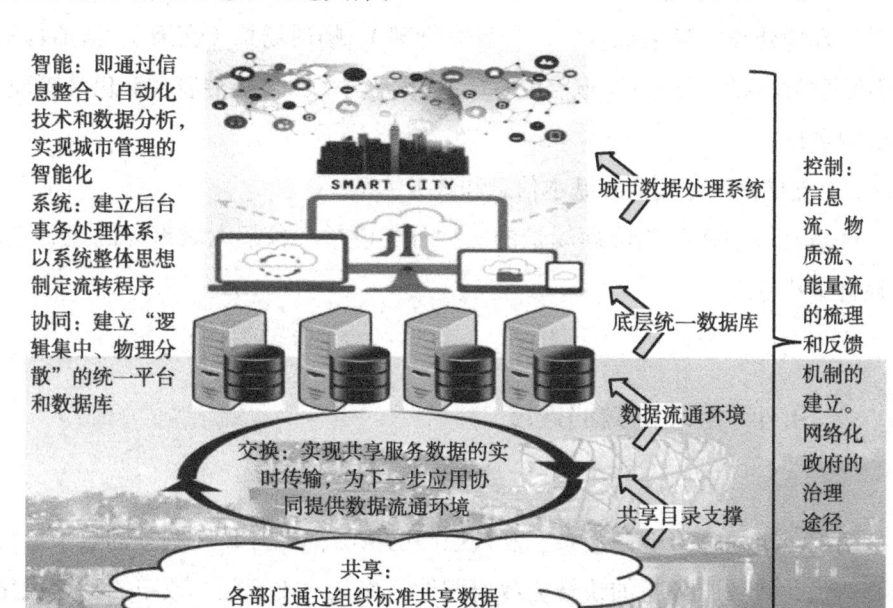

管理提供了前沿思想和理论支撑。

图 9-2　基于整体治理理念的智慧城市设计框架

同时，超大城市还拥有信息技术转化的主战场——高新技术企业。北京市是全国高新技术企业最为集中的城市，截至 2023 年 8 月，共有 26125 家企业通过认证，上海有 23794 家，深圳 23022 家，广州 12300 家，成都 11356 家，天津 10762 家，重庆 6274 家。这些企业都是超大城市进行智慧城市管理的市场力量，是最有活力的实施主体。

更可贵的是，超大的终端消费者——市民方面也具有先天优势。超大城市人口密集，有规模优势。同时居民有相当一部分为教育、信息技术等行业的从业者，受过良好的教育，且收入水平较高，有参与城市治理的意愿和能力，也更加关注城市治理的前沿资讯，对智慧化建设有期待和支持。

3. 分场景的智慧城市应用

智慧城市的建设应当以应用为导向。目前的一种思路是基于城管委的几大类职能进行应用场景划分。可以总结为"7+2"的形式，即 7 个具体应用场景和 2 个支撑体系。

7个应用场景分别为：物联场景（各类基础设施联网）、协同场景、美丽场景（环境建设、环境综合、广告景观管理）、畅通场景（交通）、清洁场景（固体废弃物管理、环卫设施、市容环卫）、动力场景（能源管理和供暖管理）和美丽乡村。

2个支撑体系分别为：基本信息和政务体系。

这是对城市智慧化治理场景的一种分类设想，各超大城市应因地制宜，凸显自身特色。

9.4 治理高效的速度

超大城市面临着事务繁杂、复杂性高的挑战，提升政府服务的效率迫在眉睫。优化政务服务是加快转变政府职能、深化"放管服"改革、持续优化营商环境的重要内容，是加快构建新发展格局、建设人民满意的服务型政府的重要支撑。目前，各城市都向着"一件事一次办""首接负责制"的政务方向努力。

1. 职能明确、公开透明的基层职能设定

让公众对政府的职能有明确的了解是提升办事效率的第一步。目前，超大城市均设立了政务办事大厅，基本实现了"一站式"办理。但是政务服务大厅主要针对市级的行政业务，还有很多与市民息息相关的事务是在基层街道层面实现的。这就需要对基层的业务职能进行明确的划分，使市民清楚相关业务责任部门。

以北京市为例，根据《北京市街道办事处条例》，北京市街道的职能主要包括党群工作（15项）、平安建设（20项）、城市管理（23项）、社区建设（19项）、民生保障（22项）、综合保障（12项）。清单中城市管理、民生保障和平安建设是职能最丰富的三大板块，而且这三个板块能都兼具常态性和突发性两种特点。常态性是指三者都是日常工作，有固定的巡查、处理流程，全年工作没有间断。而突发性是指这两项职能经常涉及一些日常计划之外的、临时性的任务。例如应急管理、灾害应对、人口疏解、违建拆除等。这些突发性的工作在实际工作中消耗了街道大量的人力、财力和时间。给同时具备常态性和突发性的板块赋予更多的职能，以利于工作的深入开展，这样的设置较为科学。

2. 快速响应、专业服务的区级业务指导

涉及街道和区级职能部门关系的流程主要包括：问题处置和政令下达。区街体制改革主要涉及的流程重构是问题处置的流程。在对流程进行重构之前，首先要明确街道和部门在问题处置过程中的作用。对于综合执法类的职能，城管执法、公安、市场监管等执法和管理机构应当加强协作，接受街道城市网格化综合管理机构的派单调度，及时反馈处置情况，并接受督办核查。对于职责模糊、尚未划定职能部门的事宜，街道承担"兜底责任"，并适当赋予街道办相应的权力。一方面，街道对辖区的建设规划、公共服务、事关群众利益的重大决策和重大事项应有知情权和建议权。另一方面，经审核批准，政府职能部门将职责范围内的行政事务委托或者交由街道办事处承担的，应当同时为街道办事处提供相应的保障措施，并赋予街道办事处在工作履职、人事任免、资产资金等方面的管理权。这样可以有效防止街道办事处"权责不对等"的现象发生。

明确街道和部门各自的职能之后，合理的流程设计就非常重要。流程设计核心在于"反馈"二字，充分体现了流程再造中的"闭环"思想。即传统的街道工作流程是单向的、独立的、静态的系统；而改革后的流程则是循环的、关联的、动态的系统。从方向上来看，传统工作流程中，任务是自上而下的单一方向，沿科层制层层流转；改革后的流程中，任务是既有自上而下的行政传递，也有自下而上的民意汇集，还有循环跟踪和反馈矫正体系。从事务处理的方式上看，传统工作流程是"各扫自家门前雪"，每个部门处理自己的专业事务；改革之后工作流程是综合化、大部制、整体化，面对市民需求一站式解决，各个部门借助信息化平台协同工作。从系统运行方式来看，传统的流程是一次性的，处理完成之后就结案；改革后的运行方式是动态的，是不断交互、纠偏的过程，是从哨源到主责单位再到群众的多元参与过程。

9.5 生态宜居的风度

2022年的《中国宜居城市榜单》中，超大城市只有成都上榜。一直以来，超大城市都给人以快节奏、高效率、重污染的印象，很难与环境优美、生态宜居产生联系。导致超大城市环境问题的主要原因有人口过度膨胀、以破坏环境为代价发展经济、交通住房拥挤、污染严重等。建设生态宜居的"风度翩翩"的城市需要从以下几个方面努力。

1. 绿水青山的自然环境打造

超大城市之所以能够得到充分的发展，其良好的自然禀赋是先决条件。然而，人类在消耗并改造自然的同时，并没有及时反馈和修正，导致了超大城市生态承载力下降、污染严重的问题。在超大城市的自然环境改善中，既要尊重自然的规律，又要充分考虑市民的生活生产需求。

第一，要推进城乡一体化发展。按照相关政策，应统筹考虑生态保护红线、永久基本农田、城镇开发边界等管控边界的划定，以实现生产、生活、生态空间的协调统一。建立水资源刚性约束制度，构建与资源环境承载能力相匹配、重大风险防控相结合的空间格局。

第二，对城市的自然环境保护成果应当予以正面的肯定。目前，公园城市、森林城市、绿色城市、"无废"城市等各类"头衔"都可以为城市的环境建设提供正面的引导。环境建设是一项高投入、长时间的行为，没有大量的财政支持和政策扶持难以可持续开展。

第三，鼓励全民参与。例如天津市打造碳普惠小程序——津碳行，市民可以通过步行、公交、地铁等绿色出行方式获得碳积分并计入个人碳账户，并用来兑换纪念品或权益；广州设立"穗碳计算器"，将企业的碳排放与可贷款额度挂钩；重庆利用"碳惠通"生态产品的开发、量化、交易、消纳来实现可持续发展的生态产品价值实现路径。这些轻量级的小程序都能够提升全民绿色发展意识，促进全民参与。

2. 古今同辉的人文环境打造

目前，各大城市都在开展的"城市体检""城市更新"等都是对城市人文环境的改造。七座超大城市大多历史积淀深厚，有丰富的历史文化遗产和自然景观。在开展人文环境更新的过程中，要格外重视对历史文化的保护。在城市发展规划编制过程中，格外关注历史文化保护传承，采用微改造、"绣花针"等精细化方式稳妥改善历史文化城区、街区人居环境，延续城市历史文脉。

9.6 多元主体的维度

根据文献总结，协同治理主要包括四大特征：多元主体；开放、复杂的共治系统；以对话、竞争、妥协、合作和集体行动为共治机制；以共同利益为最终产出。超大城市的多元治理主要体现在基层治理当中。

1. 明确市民的基础性地位

市民在城市多元治理中居于基础性地位。

第一，市民是城市发展的推动者。他们不仅在城市的经济、社会和文化发展中扮演着重要角色，还积极参与城市规划、建设和管理的各个领域。市民的需求和意见对城市决策者具有重要影响，促使城市更加宜居和具有吸引力。

第二，市民是社区建设的积极参与者。他们通过参与社区组织、志愿服务和邻里活动等方式，为社区的发展和进步作出贡献。市民的参与有助于增强社区的凝聚力，促进社区的可持续发展。

第三，市民是生态环境保护的重要行动者。他们通过减少污染、节约资源、绿色出行等方式，为城市的生态环境保护作出贡献。市民的环保行动有助于改善空气质量、减少碳排放并促进生态平衡。

第四，市民是公共服务的消费者和受益者。他们通过使用城市提供的各种公共服务，如教育、医疗、交通等，满足自身需求并推动城市的发展。市民对公共服务的评价和反馈有助于提高公共服务的质量和效率。

第五，市民是城市形象的塑造者之一。他们的行为举止、文明素养和社会责任感对城市的形象和声誉产生重要影响。市民的文明行为和良好形象有助于提升城市的形象和吸引力。

2. 明确政府的指导性和服务性

一方面，政府需要制定政策和法规来规范和引导城市的健康发展，包括规划、建设、管理等方面。同时，政府还需要加强对市场主体的监管，确保公平竞争和市场秩序。另一方面，政府也需要为市民提供公共服务，包括教育、医疗、就业、社保等各个方面。这些服务是城市发展的重要支撑，也是政府履行职责的重要体现。

3. 明确企业的主体性

第一，企业是城市经济发展的重要推动者。它们通过投资、创新、创业等活动，促进城市的经济增长和发展。企业的成功运作不仅创造就业机会，提高城市的就业率，还能吸引更多的投资和人才流入，推动城市的繁荣发展。

第二，企业是城市创新活力的源泉之一。它们通过研发新技术、新产品和新服务，为城市的科技创新和产业升级作出贡献。企业的创新活动不仅推动城市的经济转型和升级，还能为市民提供更优质的产品和服务，提升城市的生活质量。

第三，企业通过参与城市规划和基础设施建设，提升城市的宜居性。它们在建设绿色建筑、提供环保产品和服务、推动城市公共空间建设等方面发挥积极作用，为市民创造更舒适、便捷和美好的生活环境。

第四，企业是城市形象的重要建设者之一。它们通过自身的品牌形象、企业文化和社会责任等，塑造城市的形象和声誉。企业的良好形象和积极贡献有助于提升城市的吸引力和竞争力，吸引更多的人才和企业来到城市并投资发展。

第五，企业应成为城市治理的合作伙伴，与政府、市民等各方共同参与城市的管理和决策。它们可以通过提供公共服务、参与公共项目、支持公益事业等方式，为城市的治理和发展作出贡献。

4. 明确社会组织的独立性

保持社会组织的"社会性"和客观独立性，这是科技类社会组织有别于其他主体，发挥创新促进作用的前提。要坚持科技类社会组织"来源于社会、服务于社会"的发展原则，加快对传统社会组织实施"社会化"改造，严格落实现有行业协会、科技社团和政府脱钩，真正做到在参与城市治理方面"政社分开"。同时，鼓励民间社会组织、科技类社会组织的设立与发展。

第十章
提升超大城市精细化治理水平的具体路径

10.1 明确导向——构建以满足公众整体需求为导向的目标体系

城市是人民的城市，城市治理不仅需要政府的努力，更需要民众的参与。市民的需求是城市治理的最终导向。这与十九大精神中满足"人民日益增长的美好生活需要"也是一致的。其中，城市治理中公众主体作用包含三个方面的内涵：

第一，强调公众的主体地位。城市治理的主体呈现多元化，发挥公众主体作用意味着公众作为参与的主体地位得到确认。公众本身是城市治理的受益群体，公共政策的制定必须以广大公众的共同利益诉求为基础，公众主体地位则表明公众参与不再是小范围、低层次的参与，而是全方位的参与。

第二，明确公众参与的权利和义务。公众拥有同政府、企业、社会组织同等的治理主体地位的同时，公众在参与城市治理过程中应该享有同样的参与权，对政策的制定享有更多话语权，这样才真正使主体地位发挥实际作用。同时，公众主体地位还意味着公众在城市治理中须承担一定的责任和义务，充分做到权责统一。

第三，突出公众的主体利益。公众主体地位得到重视，表明公众主体的利益受到重视。公众作为参与主体享有更多的话语权和主动性，在参与城市治理过程中就能代表广大公众的公共利益对政府的治理过程和政策制定提出合理化的建议并表达群众利益诉求，使公众的利益得到更多保障。

10.2 纵向优化——完善职能体系，实施分类分级管理

1. 构建沙漏型的精细化管理分层级组织体系

网络化的思维会带来组织体系相应的改变。根据城市管理需要强化属地管理和综合协调的需求，建议构建两头粗中间细双倒金字塔型的精细化管理分层级组织体系。根据政府履行社会管理和公共服务的职责要求，按照"提升决策层、规范执行层、扩大实施层、强化监督层"的原则，建立健全城市精细化管理体系，明确各个层面的职能、职责和关系。根据具体工作需要，市区街的职能分工如下：

（1）市级层面：加强决策和协调

市级层面要在城市精细化管理中发挥决策、指挥和协调作用。提升决策层，就是要赋予决策层在城市精细化管理工作中高于一般委办局的权力，让其具有强势权威和指挥协调功能，对城市精细化管理工作进行"综合研究、综合协调、综合管理、综合决策"等宏观上的管理和决策，并组织、协调全市相关部门及执行层的工作。

（2）区级层面：规范执行和管理

区级层面在城市管理中要发挥上下协调功能，贯彻市级要求，支持街道实施。在执行层面要按照市级城市管理部门的规格模式，统一规范执行层的职能权限和职责范围，让决策层的战略思路、发展规划、总体目标和工作任务，在全市能够得到统一的、全面的、有效的推进、开展和落实。要加快城市管理体制改革，厘清城市管理市区两级城市管理职责清单，进一步明确责权边界。

（3）街道办事处层面：扩大实施和权力

要充分发挥街道办事处在城市管理中的基础性作用，按照"管理前置、

重心下移、做强做大、夯实基层、兜底管理"的要求，扩大机构设置，扩大人员编制，扩大考核权力，扩大经费投入。让实施层有权力、有责任、有能力地去组织和完成执行层下达的工作计划和目标任务，为真正实现城市精细化管理属地负责的构想奠定坚实的基础。

2. 网格化城市管理与接诉即办机制深度融合

（1）依托"一张图，一张网"构建"热线＋网格"的城市治理基础单元

充分发挥市民服务热线贴近群众、汇集民意的优势以及网格化城市管理精细化、系统化、智慧化工作体系的优势，针对热线收集到的热点问题，加强网格巡查处置力量。目前，北京市东城、顺义、石景山等区都在这方面有了很好的先例。

构建"热线＋网格"治理单元，要坚持协同治理、主动治理、智慧治理、长效治理，启动"热线＋网格"融合平台建设，发挥"接诉即办"机制作用，推动网格化发现问题快速解决，不断提升城市精细化管理服务水平。

以城管指挥中心为主体，确定"一张图、一张网"，即"一张实时点位全景图和一张智慧可视指挥网"，逐步实现指挥现代化、平台智慧化、数据可视化的"三化"目标。将市民热线诉求问题和网格采集问题在区、街、社区、单元网格落点落图，实现案件问题的实时化、数字化、可视化。将全市街区道路等摄像头等视频数据融入网格平台，利用云计算、物联网、人工智能等技术手段，对暴露垃圾、乱堆物堆料、店外经营、无照游商、非机动车乱停放、道路积水等视频问题，实现自动采集、上传、识别，进行视频智慧监管。

在问题处理上采取三级分类：一级是视频采集问题，由系统直接推送到商户进行自治；二级是在商户未办理的基础上，将问题推送到街巷长和小巷管家劝导共治；三级是在志愿劝导和自处置无效的情况下，将问题推送到街道执法加强法治。通过技术融合辅助工作机制创新，减轻基层管理负担，逐步提升治理效能。

（2）对城市管理问题开展分类研究

对热线和网格的问题分类标准进行研究，细致梳理出热线与网格的共性类别，梳理群众反映突出的城市管理问题，作为网格日常巡查重点，强化主动治理。建立"热线＋网格"数据分析模型，初步实现数据总览、主动治理

不足预警区域提示，以及网格、热线数据联动比对分析等功能，加大双高区域（热线诉求量大、网格发现问题多）治理力度。

3. 理顺城管综合执法各层级职能，推进精细化城市管理兜底职责履行

（1）理顺前端管理与末端执法的行政管理职责，建立行政管理末端的沟通、评价机制

进一步完善与相关部门的配合协调机制。在市区街各层面将日常联络、联合会商、个案专办、案件移送、案件协查、应急处置等六项协调工作制度进一步细化。同时在市城管局建立构建跟踪反馈系统，具有以下四项功能：一是反馈前端；二是反馈相对人；三是回应社会公众的关注；四是反馈决策者。

（2）合理配置行政执法资源，确保超大型城市安全运行与首都功能实施

与其他超大城市不同，北京作为首都，其城市管理要突出首都特色：一是环境秩序保障任务重，环境整治任务呈现长期化、艰巨化、复杂化；二是城市运行保障专业性较强，责任重大，保障难度较大；三是北京作为超大型国际化的首都城市，重大活动保障标准要求高、任务增多、难度加大。因此市级城管的职能定位、队伍配置必须突出首都特色，应该站在有利于首都功能发挥的基础上，设计城市执法管理局的职责。一是要有一支专业水平较高、人员精干的执法队伍，负责实施跨区域活动、事关首都功能实施、执法专业要求较高、重大活动的难事、急事、国事、大事等执法工作；二是区别于区城管，要负责城管执法队伍的发展规划、相关政策制定、执法疑难问题协调处理、执法规范标准制定、执法机构领导人员培训、相关执法制度解释、对外统一宣传等工作。

（3）化解基层城管执法的法律风险，完善城市精细化管理的兜底责任机制

鉴于街道事实上已经成为城市管理的兜底责任者，在城市精细化管理体系中发挥着不可替代、不可或缺的作用；而城管执法分队作为街道兜底责任履行的基础与保障，应具有合法的综合行政执法权。鉴于当前街道行政执法分队的人财物权已经全都归街道管理，此种管理模式效率较高、管理流程比较顺畅，具有一定的合理性，建议完善区级城管局对街道城管分队的管理体系。通过完善区级城管向街道城管分队的授权执法制度体系，理顺区街城管执法机构的管理关系，规避街道城管执法的合法性风险。在强调街道城管分队仍然是区城管局派出机构的前提下，在授权上下功夫：在授权范围、授权

程序、执法责任、执法中相关法律问题的处理、法律责任担当等方面建立细化的标准与流程；同时进一步规范授权流程，使其规范化、标准化；另外，明确街道城管分队与区城管的隶属关系，强化街道城管分队作为"派驻"机构的定位。实行城管执法队伍的区级和街道办双重管理、以区为主的管理管格局，区城管局对于派出分队的领导具有监督权、任用权、违规追责的权利；街道具有对城管派出机构领导的任用否决权、建议权、考核评价权。以此完善人事管理流程，确保执法分队依法执法，降低城管执法中的合法性风险。

（4）推进城市管理综合行政体制改革

可分为三阶段开展：一是城管和最相关的专业执法领域深化对接协作，步步为营，渐进推动合作，逐步提升；二是深化大部制改革，开拓技术支持，在一网统管的基础上，分层次推进与其他专业执法领域的对接；三是采取浙江模式，全面推进行政体制改革，大综合一体化，业务全面下沉。

4. 对城市管理相关事务实施分类分级管理

精细化管理的精髓就体现在"因事施策"。因此，对城市管理事务的提前分级分类就尤为重要。

根据三定方案，目前城市管理的事务可以按照事务出现的频率，分为偶发性职能和日常应对职能；针对服务内容，可以将职能分为服务类职能和行政审批类职能。另外，考虑交通部分有专项研究，在本研究中不予考虑。由于具体每个区的城管委职能略有不同，本研究以海淀区为例进行分析见下表，其他区域以此类推。

海淀区城管委职能分类

	服务职能	行政职能
偶发		1. 组织开展重大活动的环境保障工作
定期		2. 研究拟订本区城市容貌、环境卫生、环境整治、城乡环境建设与管理以及相关市政公用事业等有关城市管理方面的中长期发展规划和年度工作计划 3. 会同有关部门编制夜景照明专项规划并组织实施

续表

	服务职能	行政职能
日常	4.承担综合协调、督促落实本区城乡环境建设、环境秩序整治 5.承担生活垃圾、粪便的清扫、收集、贮存、运输和处置的监督管理责任 6.承担建筑垃圾、渣土等废弃物的管理工作 7.统筹负责本区固体废弃物处理与资源再利用 8.负责再生资源回收利用管理工作 9.负责管理户外广告、牌匾标识、标语、宣传品设置 10.维护管理夜景照明设施 11.负责新能源汽车充电桩的建设和运营管理 12.开展具有市政基础设施管理和环卫行业特点的安全宣传教育工作	13.市容环境综合整治工作的组织、指挥、协调、检查、考评 14.承担本区城乡环境建设管理委员会办公室的日常工作 15.负责本区环境卫生的组织管理和监督检查工作 16.承担本区城市景观的管理责任 17.负责辖区内燃气、煤炭、电力、供暖等行业管理工作 18.负责地下综合管廊、架空线的综合监管 19.归口管理海淀区环境卫生服务中心 20.归口管理海淀区循环经济产业园管理中心 21.组织拟订本区市政基础设施管理和环卫行业有关安全方面的规章制度 22.负责职责权限内各行业的规范、监管、管理责任

可见，城管委承担较多的是日常行政管理类工作，而日常服务类工作任务也很重。同时，周期性规划和专项工作是工作的重要内容；偶发类的工作虽然发生的频次低，但是却有更重要的意义。

第一，第4至12项属于服务类的日常职能，可以通过市场的力量合作承担这部分职能。这种合作模式要求政府和企业、社会团体等主体间有良好的互动机制，因此协同合作的场景会在未来城市大脑的应用中经常出现。

第二，偶发的行政职能主要是重大活动的环境保障。北京作为首都，承担重大活动的机会较多，而海淀区辖区内又有多处重要的地理节点，因此，这一职能的重要性需要格外的保障。

第三，周期性的行政工作主要是规划的制定及实施，以及专项工作的开展。这类工作是以一定周期重复出现但又是需要长期执行的，需要定时反馈和对标。

第四，日常的行政规范、监督和管理职能是海淀城管委工作中权重最大的一部分。这类工作涵盖了城市管理中的方方面面，使用场景需要根据业务范畴来决定。

10.3 横向贯通——加强跨部门合作，打造多主体协同

1. 建立部门间协调全过程保障机制

全过程的保障机制主要包括八个方面：

（1）进一步突出首环办的统筹机制

明确首环办在城市治理中的统筹机制。目前首环办的环境建设管理考核是城市管理相关部门工作绩效的最有效的激励机制，未来应将其环境建设管理考核机制向城市管理综合考核转变。

（2）进一步完善部门联动协调机制

进一步整合管理资源，将市政市容、城管执法、监督指挥、绿化、环卫有效捆绑，建立综合巡查管理队伍，推行"五位一体"巡管模式。

（3）进一步建立完善问题的确认机制

目前，已经将城市管理问题划分为部件和事件两大类。城市精细化管理要进一步强化标准建设，在问题确认环节上，在问题确认环节，必须按照不同区域的分类分级、不同工作的性质特点、不同行业的规范要求，建立各种部件和事件的建设、管理、作业、投入等四个标准。逐步实现由定性管理到定量管理的转变。

（4）进一步建立完善解决问题的机制

以北京市城市管理委员会为主体，构建统一的城市公共环境管理监督指挥中心。进一步明确各级政府部门在城市管理中的职责，市级管理部门为决策层，区主管部门为执行层，公共服务企业为作业层，街道的主要任务是协助各管理部门工作，促使城市管理的各项标准和要求在社区层面得到及时落实，逐步实现由突击管理到日常管理的转变。

（5）进一步建立完善防范问题的机制

运用城市管理信息系统中的各类动态信息，及时分析研究反复出现的问题，对专业管理部门和公共服务企业提出具有针对性的改进建议。同时，加强规划与城市管理环节的衔接，完善建设项目综合验收管理制度，防止出现过度开发、违规甩项和违法建设，逐步实现从源头遏制和防范城市管理问题的产生和发展。

（6）进一步建立完善分析问题的机制

信息化城市管理系统汇集了大量的部件普查数据、城管监督员获取的信息和问题处置过程中的数据，这些数据信息为城市管理问题的综合研究、综合分析和综合决策提供了基础。在专家的指导和参与下，通过构建科学的城市精细化管理大数据结构，在此基础上，加强数据采集、整合、分析、利用等各个环节的规范化管理，可以大大增强城市运行环境管理的决策研究能力和预测预警能力，进一步提升城市各项工作由事后管理到事前管理的能力和水平。

（7）进一步建立健全信息共享机制

以城市运行"一网统管"为总体思路，以信息一体化建设为方向，一方面，要积极地把当前的网络技术、3S技术、物联网技术等先进科技成果应用于城市精细化管理；另一方面，按照精细化管理需求对现有信息技术进行功能整合和提升，实现资源共享。逐步构建网上综合管理办公平台，加快城市精细化管理的信息化进程。

（8）进一步规范政府部门的公共社会关系管理机制

政府部门也是由一个个的人员构成的，每个人都有自己的社会关系网。这些社会关系有时候能够很好地弥补体制机制上的不足，促进工作的有效开展。一方面要对社会关系进行合理的引导利用，让健康的关系成为促进工作开展的润滑剂和助推剂。另一方面要对个人的社会关系进行合理的规范，保证关系网络严格地在法规和制度允许的范围内运行。

2. 建立多元协同共治体系

（1）建立多主体协同共治平台

首先要进行网络整合。建立信息监测中心和办公平台，加强信息化和网络化建设,这是新形势下提升社会管理创新效能的应然选择和必由之路。其次要搭建组织架构,建立城市治理综合协调机构,可以由城管委负责整体的调度和统筹。最后要完善制度建设,打造多元主体协同行为的规范化平台。

(2)培育协同治理的多元主体

要让城市治理体系形成一个健康、多样、具有一定规模的生态系统。首先,要梳理多元主体协同治理的理念,让政府的大包大揽逐渐转化为政府、市场、社会组织和市民多方参与、各司其职的系统。其次,要从政府入手,改变管理方式。从"家长式"向"管家式""导师式"转变,凸显政府的服务职能。同时要提升协同主体的素质和能力。尤其是社会组织和市民,之前的地位较为被动,要让这两方面的主体更加积极作为。市民更要从被管理者思维转化为主人翁意识。

(3)完善协同治理的相关机制

除了提升主体素质,明确主体地位,转变政府管理方式之外,完善的机制保障也是协同治理的重要部分。根据北京市的现状,目前首要的是打造四方面的机制:协同主体间的沟通机制、治理主体间的信任机制、治理主体协同治理的激励机制以及治理主体间协同的监督机制。

3. 引入社会评价机制

(1)将多元主体纳入考评,提高各方参与度

第一,将街道办事处、居委会、业主、业主委员会、物业公司、开发商等主体纳入基层管理的评价体系中,增强各主体的参与性。各方可以是考评方,也可以是被考评方,还可以既是考评方又是被考评方,建立自评、他评、互评相结合的多种评价体系。

第二,针对不同主体的特点,设定不同的考评角色与考评内容,提高评价的针对性与有效性。例如,业主是服务的基本对象,可由业主对街道办事处、居委会、业主委员会、物业公司、开发商等主体的服务履职情况进行评价,业主委员会与物业公司有着较为密切的往来,可以由业主委员会与业主抽样代表,对物业公司的服务进行评价。所有的评价也可以委托第三方进行,第三方通过匿名网络调查等形式实施,以随机验证码进行识别,降低评价风险与成本。

（2）出台相关政策条例，使评价有"法"可循

颁布《北京基层治理与服务评价条例》，对考评方与被考评方的责权利、考评流程与时间、考评的标准、考评方法与奖励惩处进行明确界定。特别要突出社区居民的主体地位，基于社区中各方主体的利益相关性与博弈性进行评价机制的设计。

第一，评价本身需要制度化，从制度上保证城市基层管理评价的合法性、连贯性，确保其能够产生长效作用。

第二，评价体系本身必须坚持法治思想，评价的过程是依照评价方案严格实施的过程，通过科学设计，保证评价的公化性。

第三，评价指标设计除了包括对服务结果进行评价，还要包括对服务过程的评价，即督促主体在城市基层管理中依法办事，零越权，零不作为。

（3）明确评价目标，以评价引导服务转型

目前，城市基层管理中主要矛盾与问题，大部分来自责任信息不对称与服务不到位。因此，评价实施前要借助媒体与召开动员会，对参与评价主体各方进行宣讲，明确评价目标与内容；评价中，要进行培训与示范，引导参与评价各方恪守原则与依据内容进行评价；评价后，要进行数据核对与误差分析，保证评价结果的公正性与真实性。在城市基层管理中，基于服务的评价机制，明确各主体在社区治理中应当实现的目标，即负有何种责任。通过评价，可以引导评价方熟悉评价方的服务责任、引导被评价方明确自己的服务职责。明确的评价目标为服务提供了可以参考的标准，被服务方不同评价结果对应着不同的激励模式，从而可以有效引导基层管理主体进行服务转型，切实按照被服务方的需求实现其服务目标。

（4）在反馈中引导协商行为，指导促进治理水平提升

基于服务的城市基层治理评价机制，除了其监督考评作用，更可以在反馈结果中起到聚焦各方进行协商，在协商中进行指导与提升治理水平的作用。因为评价后要求及时把相关的评价结果面对面或者以其他形式反馈给各参与主体。在这个过程中，可以召集街道办事处、居委会、业主、业主委员会、物业公司、开发商等主体共同参与或分别参与，帮助被评价者找到其不足，分析当前服务水平与目标服务水平间差距的原因，并就未来改进与提升管理

与服务质量提出相关的措施与建议。当问题涉及多主体时，可以形成多主体协商机制，彼此扬长补短、直抒胸臆，共同分析、共同解决、共同提高。

10.4 专项提升——信息化、绿色化创建智慧、有机、健康城市

1. 实现构建网络化信息平台，成立专业化管理机构

根据前文提到的网络化信息平台的十二字特征，政府网络化信息平台的功能可以拆分为：共享，即城市通过组织标准共享数据，编制共享目录，建立城市精细化管理目录体系，为下一步数据交换提供共享目录支撑；交换，即城市内部、行业内部之间建立顺畅的数据交换网络，实现共享服务数据的实时传输，为下一步应用协同提供数据流通环境；协同，即建立"逻辑集中、物理分散"的统一平台和数据库，以目录体系和交换体系为支撑，实现行业内、城市内应用的协同；系统，即掌握城市精细化管理中各要素相互关系和变动的规律性，充分体现整体性、关联性、等级结构性、动态平衡性、时序性等特征；控制，即通过城市的信息流程、反馈机制和控制原理，使城市系统达到最佳状态；智慧，即通过信息融合、自动化技术和数据分析，实现城市管理的智慧化。

满足整体治理要求的信息化应当具备以下形式的架构：

（1）以市民需求为信息化建设基础

信息系统的整合要秉承公民需求导向，将与公民个体生活相关的信息进行整合，并将这些与公民个体生活相关的信息而不是政府组织的相关信息作为优先整合项目，实行一站式即时服务。一旦明确了政府组织目标，有必要改变传统的按职能划分的信息结构，破除部门信息间的界限和鸿沟，建构以服务使命为导向的信息系统。

（2）联通数据孤岛，破除信息壁垒的数据库

平台应当整合政务服务功能、业务办理功能、数据共享功能和较高层次上进行的数据挖掘及征信体系建设功能，全面实现北京城市管理工作的信息

化、网络化,提升北京市的智慧化水平。政府的电子化改革要在网络技术的基础上进行三种类型的整合、包括不同政府层级的整合,不同机关单位的整合和不同政府网站的整合。这三种类型的整合最后将达到整合成为一个单一政府入口网站的阶段。

(3)成立专业化大数据管理机构

为了实现这些目标,建议整合城市管理数据资源设立北京市数据资源局,为提高整体治理能力奠定基础。北京市数据资源局建议主要包括以下职能。

研究拟订并组织实施大数据战略、规划和政策措施,引导和推动本市大数据研究和应用工作;组织制定北京市大数据收集、管理、开放、应用等标准规范;推动形成全社会大数据形成机制的建立和开发应用,协助有关部门开展智慧城市建设;承担本市企业情况综合工作,负责企业数据收集和存储;组织编制电子政务建设规划并组织实施;组织协调政务信息资源共享,负责本市商业、政府征信体系建设;组织协调市级重大电子政务项目建设,组织协调网上办事大厅等电子政务一站式服务建设;负责统筹本市政务信息网络系统、政务数据中心的建设、管理;统筹协调信息安全保障体系建设,承担信息安全等级保护、应急协调和数字认证相关工作。

2. 遵循双碳约束,打造生态友好的可持续发展城市

2021年年底,我国的城镇化率已经达到了64.72%。城市不仅是人民生活的主要场所,也是"双碳"落实的主要战场。城市在实现"双碳"目标的过程中,地位处于引领和试点的位置。一直以来,北京作为首都城市,也是我国低碳发展的样板。

未来,聚焦城市治理领域,可以以废弃物治理和加强生态环境治理两方面为抓手,进一步建设生态友好的可持续发展城市。

(1)坚持"三化",打造"无废城市"

《中共中央 国务院关于深入打好污染防治攻坚战的意见》提出,"十四五"时期,推进100个左右地级及以上城市开展"无废城市"建设,鼓励有条件的省份全域推进"无废城市"建设。北京要继续坚持"减量化、资源化、无害化"(简称"三化")这一重要原则,抓住减污降碳协同增效这一关键,拓展和深化"十四五"时期"无废城市"建设工作,助力城市绿色低碳转型。

《北京市生活垃圾管理条例》实施两年以来，成效显著。北京的生活垃圾已经减量了近30%就是证明；全市已改造建设固定桶站6.35万个，改造提升密闭式清洁站805座，涂装垃圾运输车辆4274台，建成分类驿站2095座；已完成1693个示范小区（村）、1881家示范单位、206个示范商务楼宇、4条示范商业街区创建。与2020年5月新版《北京市生活垃圾管理条例》实施前相比，可回收物回收量增长近1倍，生活垃圾回收利用率达到37.5%以上，"垃圾清运不及时"问题诉求量下降90%，经济效益、环境效益、社会效益全面提升。

在未来工作中，"无废城市"建设是一项系统工程，需要凝聚各方共识，强化要素集聚，形成工作合力。要建设好"无废城市"，组织领导、制度建设、技术支撑、市场培育、资金保障、监管强化、大数据助力、宣传发动等八大措施缺一不可，必须集成发力；建立政府主导、部门齐抓共管、企业主体、市民践行的运行机制。

（2）延续"北京奇迹"，加强整体环境治理

2021年北京PM2.5年均浓度降至33μg/m³，较2013年下降63.1%，被联合国环境规划署誉为"北京奇迹"。

因此，在未来的环境治理工作中，首先要巩固现有成果，将"河长制""林长制""田长制"不断推进；其次要继续充分发挥市委生态文明建设委员会的作用；坚持城市总规划中提出的26.1%的生态保护红线；市区两级财政向环境治理领域倾斜。

在重点领域上，北京应以PM2.5和臭氧协同控制为重点，聚焦新能源汽车、绿色出行方式、压减生活燃煤使用、扬尘治理等领域，突出京津冀联防联控，实现绿色协同发展。

10.5 稳定保障——四管齐下的激励机制和完善的法制体系

1. 战略上进行"内外上下"式激励机制

"内"是要营造和谐氛围，激发主观动力。作为国家的首都，北京实现"四

个中心"战略定位，需要营造和谐、积极的政府形象。为打造和谐统一的文化氛围，需要市级政府加强组织文化氛围建设，运用政府组织文化氛围来塑造整体性人际关系、新的价值理念、充足的发展动力与完善的内部规范，使整体性政府组织形成足够的凝聚力和向心力，推动政府组织的整体性运作与协调。

"外"是进一步健全资金投入保障机制。要进一步明确各职能部门承担的管理责任和与之相对应的财政供给范围，准确核定城市管理经费，确保城市精细化管理工作中建设维护、配套更新、科技创新、突发事件、大事要事特事等资金的需要。积极打造社会资金投入平台，引进社会面资金共同参与城市建设和管理。进一步下放责权、事权，实现"费随事转"，提供街道、社区开展城市管理工作的资金保障。要逐步革除过去那种一事一议、一时一议、一报一议、一项一议的临时性财政拨款方式，逐步实现城市精细化管理资金投入的常态化。

"上"是要进一步完善监督考核评价机制。要强化政府督察室、舆论监督、社会投诉等多方位的监督机制，以及行政责任追究制度、问题整改制度和行风监督评议制度，切实加强对城市精细化管理从决策到实施的全过程监督。

"下"是要充分发挥第三方参与的巨大潜力和作用，推动政府信息公开透明。要着力在市场参与方面下功夫、做文章，利用好政府购买服务的政策，要在现有园林管理中心、市政管理中心、环卫管理中心、监督管理中心的基础上，进一步加强市场化运作方式的改革。把一些具体工作委托给市场第三方去作业、维护和管理，同时进一步加强志愿者队伍建设和管理，充分发挥非政府组织的作用。

2. 建立规范、明确、易于执行的评价指标体系

标准化是城市精细化管理的基础，当前城市管理的形势任务对标准化工作提出了更高的要求。根据不同领域中城市管理的传统问题，结合各领域已经出台的相关国家标准、管理条例等政策文件，各城市可以出台城市管理领域的特色标准体系。标准体系的构建不是一蹴而就的，可以采用分批建设的方式。

3. 法规上追求城市管理责任明确，管理规范

（1）建立重大决策追责制度

建立并落实重大行政决策责任终身追究制度能够有效防止"决策拍脑袋，执行拍胸脯，失误拍屁股"的现象，防止由于个人原因导致的决策失误。以建立重大行政决策"台账"为突破口，把谁提出决策议题、谁参与决策过程、谁参与风险评估、谁负责合法性审查、谁参与最终讨论决定等信息都完整记录在案，做到责任追究有账可查；制定重大行政决策失误"追责标准"，明确重大决策失误的"追责范围"，使得责任追究于法有据。同时也要出台相关的评估体系，判断责任范围，保护干部工作的热情。

（2）完善行政评估体系

评估体系是城市管理法制化的重要组成部分，是实现城市管理规范化的重要手段。评估体系可以分为事前评估、事中评估和事后评估三种类型。

第十一章
专题研究：北京城市副中心的绿色治理

11.1 北京城市副中心的绿色治理现状

北京城市副中心在自然资源禀赋方面具备得天独厚的优势，为低碳城市建设提供了坚实基础。同时，副中心带来的行政资源也为低碳城市的建设注入了新的活力。近年来，城市副中心在低碳城市建设方面已经取得显著成效。这些成效不仅体现在将低碳发展列入城市规划的举措上，更展现在能源和低碳领域的全方位战略部署上。

1. 身先士卒，明确副中心"双碳"担当

北京城市副中心积极推进"双碳"的先行示范，充分彰显"副中心担当"。最直接的体现在于副中心已经将低碳发展列入城市规划当中。2021年3月1日公布的《北京城市副中心（通州区）国民经济和社会发展第十四个五年规划和二〇三五年远景目标纲要》提出，将绿色发展理念贯穿在城市副中心建设中，倒逼碳减排，促进碳中和。

在能源和低碳领域，城市副中心设定了清晰的目标，主要包括以下几个方面：一是创建森林城市，计划到2025年实现森林覆盖率达到36.5%的目标。二是打造新绿色能源应用示范区，要求区域内新建地区可再生能源利用率达到20%，同时将可再生能源应用指标列为土地开发利用的硬性约束条件。三是鼓励低碳出行方式成为时尚，积极推广自行车和新能源汽车，提高公共充电设施密度，推动城市服务车辆全部电动化，试点示范氢能应用。四是加强建筑领域绿色低碳发展，新建公共建筑开展"近零碳排放示范区"建设，探索全口径零排放示范；同时将能耗和排放列为既有建筑改造的重要导向指标之一。五是深入推进垃圾分类和无废城市建设，实现生活垃圾分类全覆盖，回收利用率大于37.5%。此外，城市副中心还计划打造国家绿色金融改革创新示范区等。这些目标和措施为北京城市副中心建设低碳城市提供了有力的政策支撑和制度保障。

除了政策引导和产业结构调整优化外，城市副中心还注重绿色低碳技术的研发和应用。例如，在建筑领域大力推行绿色设计、绿色建材和绿色建造，新建公共建筑全面执行三星级绿色建筑标准。同时，在生态建设和环境保护方面也加大力度。通过实施一系列生态工程，城市副中心不断加强自然生态保护和修复工作。此外还关注生态园区建设和发展汇碳体系等方面的工作。

2. 运河文化，打造副中心优美环境样板

大运河是北京城市副中心具有重要生态价值的标志性区域。北京城市副中心以创建国家森林城市为目标，依托大运河水系，致力于建设沿河生态带，以丰富民众的生活体验，实现"荡舟运河上、漫步森林中、坐看云起时"的美好愿景。

为达成此目标，具体的措施包括：

第一，推动各类自然公园的建设。近年来，潮白河国家森林公园、运河公园等地的生态环境得到显著改善，大运河的水质也得到了恢复，呈现出往日的盛景。此外，还积极打造口袋城市公园和精品乡村公园，使居民在短时间内便可以亲近自然、感受自然。

第二，开展水系治理。北京城市副中心已基本建成通州堰等一批水利工程，同时为了应对近年来北京市汛期降雨增加的现状，不断深化管廊建设，致力于将北京城市副中心打造成为海绵城市的样板，实现全域水系互联互通、滨水岸线便利可达。

第三，防治环境污染。在提升空气质量方面，继续深化落实"一微克"

行动，空气质量持续提升，蓝天白云再次出现在运河沿岸；在土壤保护方面，建立严格的保护制度，为市民守护好一方净土。

第四，重视生态园区建设。通州区自2009年起成为国家级生态示范区，2017年五个通州园区被评定为"北京市生态工业园区"，这些成果都充分展现了北京城市副中心在生态文明建设方面的努力和成就。

第五，按照习近平总书记关于森林碳库的论述，加强汇碳体系建设，形成了七级绿化体系，包括环城游憩带、河道绿廊、城市中心公园、组团中心绿地、城市绿荫道、街坊口袋花园、建筑垂直绿化等绿化项目。这些举措不仅有助于提升城市的绿化水平，也为市民提供了更多的绿色空间和生态福祉。

通过以上措施的实施，北京城市副中心在生态文明建设方面取得了显著成效。未来，北京城市副中心将继续加强生态建设和环境保护工作，推动绿色发展理念贯穿于城市建设的全过程，为全国低碳城市建设提供可借鉴的经验和示范。

3. 产业先行，布局低碳环保的产业体系

产业是地区可持续发展的内在驱动力。未来，北京城市副中心将聚焦于行政办公、商务服务、文化旅游三大主导功能，建成高水平社会主义现代化城区。相较于传统的制造业和农业，未来产业将主要集中在高端服务业，其能源强度和碳排放强度远低于其他行业。对于当地来说，交通和建筑终端的节能改造是未来的重点，但相较于制造业，其难度要低得多。

为了支撑三大主导功能，北京城市副中心从能源结构这一根源着力，基本原则是增加非化石能源的比重，逐步降低化石能源的比例。具体而言，北京城市副中心将逐步提高光伏、地热等可再生能源在能源供给中的比重，全面实施减油、降气、增电措施。同时，北京城市副中心关注能耗重点领域，尤其是建筑领域。目前，城市副中心还处于大规模的基础建设阶段，因此需要强化绿色理念引领城市建设，大力推行绿色设计、绿色建材、绿色建造，新建公共建筑全面执行三星级绿色建筑标准。此外，低碳生活是控制碳排放的最终落脚点。因此，北京城市副中心着力打造绿色智能的城市运行保障体系，建成一批近零碳排放楼宇、社区和园区示范项目，让"双碳"成为市民的行为准则和生活时尚。

此外更重要的是推动绿色产业的发展。北京城市副中心大力培育绿色发展新动能，推动企业实现绿色转型发展，建立碳排放双控预警、限制、禁止清单，实现绿色发展蝶变升级。为了实现产业的绿色发展，北京城市副中心加强金融支持，吸引绿色金融和第三方服务机构向城市副中心集聚，打造国家绿色金融改革创新示范区。同时，副中心还致力于打造绿色投资和绿色交易的高地，设立国际绿色投资集团，推动北京绿色交易所提质升级。最终实现全国自愿减排碳交易中心职能落地见效，努力引领全市绿色金融发展。

11.2 北京城市副中心能耗与绿化数据分析

北京城市副中心的统计数据以北京统计年鉴中针对通州区的统计数据为准。

1. 能源消费情况

从绝对消费量的角度来看，通州区的能源消费量自2005—2019年呈现出总体上升的趋势，这一趋势在2020年有所改变，出现了拐点，这种下降可能是由于多种因素的综合作用。

从分产业来看。农业的能源消费量有了显著的下降，降幅高达64.4%。这表明在第一产业中，能源消费的结构或效率可能有所改善，或者对能源的需求已经逐渐转向其他产业。随着通州区转型成为北京城市副中心所在地，其农业面积大幅缩减，行政办公、居住、商业等业态蓬勃发展。农业的萎缩带来了相应的能耗下降。工业的能源消费量也显著下降，2020年的能耗较最高峰下降了47.6%。这一趋势的持续可能会对整体能源消费的下降产生积极影响，是总体能耗下降的主要驱动力。工业能耗的下降也是由于行业的发展减速导致的。由于2020年年初新冠疫情的影响，之后的工业生产增速放缓，但是通州区整体工业结构和水平均有所提升，高技术制造业支撑强劲。2022年，区内高技术制造业70.7亿元，同比增长1.2%。这类制造业以低能耗、高质量发展为特点，在更低能耗的水平下创造了更高的经济价值。同时，通州区第三产业的能源消费量近年来总体上呈明显上升趋势。这种增加反映了第三产业经济活动的增加。尤其是环球影城落地通州区后，带动了区内文旅相关产业的大幅增长。而住宿、娱乐等需要的建设、照明、供暖等都是能耗增长的重要源头。

此外，居民生活带来的能源消费量则持续走高，2019年的能耗是2005年的2.64倍。尽管在2020年有所下降，但仍然保持在一个相对较高的水平。2022年，通州区常住人口为2005年人口的2.1倍，达到了184.3万人，这部分人口增长带来的能耗增加是不可忽视的。

从分行业的耗电情况来看，在各个统计领域中，居民生活、工业、公共服务和组织管理的用电量最高，而金融和住宿餐饮业的用电量则最低。作为北京市的行政中心，北京城市副中心必然会涉及公共服务和组织管理等行业，这些行业是城市发展的必要组成部分，因此其带来的能耗是不可避免的。

在选择市场性行业时，能耗较低的行业将会成为未来扶持的重点，例如金融、住宿和餐饮业等。此外，旅游业等相关行业虽然会带来短期的能耗增加，但当基础设施建设完成后，运营维护的能耗会相对降低，且旅游业带来的人口流动能够大大促进当地经济发展。现代农业也是一个能耗较低的产业，通州区拥有丰富的农业资源，未来可以开展以现代农业为依托的科普、农事体验等活动，这也是未来可能的产业发展方向。

为了降低整个城市的能耗水平，各个方面都需要做好节能减排工作。例如，在建筑领域中，应该大力推行绿色设计、绿色建材和绿色建造，新建公共建筑应该全面执行三星级绿色建筑标准。此外，在交通领域中，应该鼓励市民使用公共交通工具和非机动车出行，减少私家车的使用。这些措施可以有效地降低城市的能耗水平，实现可持续发展。

2. 城市绿化建设情况

习近平总书记强调，森林是水库、钱库、粮库，现在应该再加上一个"碳库"。园林绿化情况对城市的"双碳"目标实现至关重要。根据统计数据，2020年通州区森林面积较2018年增长8.9%，2020年较2019年增长4.3%。2019年林地面积较2018年增长7.8%，2020年较2019年大幅增长19.6%。2019年湿地面积较2018年增长7.9%，2020年较2019年增长3.7%。2019年林木绿化率和森林覆盖率较2018年均增长2.7个百分点，但是在2020年林木绿化率下降了 1.7%，森林覆盖率小幅增长 1.43%。2019 年造林 2349 公顷，2020 年造林 2159 公顷。可见，整体的城市副中心绿化情况近三年来保持提升，尤其是林地面积在近两年内有了显著提升。但是由于空间限制等因素，各项指标的增速都有放缓的趋势。

同时，2020 年城市绿化覆盖面积增长 6%，城市绿地面积增长 1.7%。这两个数值在 2019 年分别为 12.2% 和 13%。可见在城市范围内，绿地建设的空间已经不多，数量提升几乎见顶，今后更多的是绿地质量的提升。另外，在人口增长 40 万的背景下，通州区人均绿地面积增长 0.74 平方米。

11.3 北京城市副中心建设国家绿色发展示范区的成就和举措

示范区的成就部分截至 2023 年 10 月，主要来自官方信息报道和通州区历年年鉴、历年统计年鉴，统计数据截至 2022 年年底，部分数据来自 2021 年年底，少数信息通过公开渠道无法查询，只使用政府部门公布的规划中的内容来完善；举措部分主要来自公开的新闻报道，公开渠道无法查询的部分以政府部门公布的规划的措施部分来完善。

北京城市副中心以国家绿色发展示范区建设为引领，着力打造以绿色金融为动能，以绿色建筑为依托，以绿色产业为基石的"绿色+"全产业链发展新模式，充分发挥北京城市副中心在绿色金融领域的特色优势以及绿色金融对产业发展的带动作用，以点带面，为建设和谐、宜居、美丽的大国首都作出贡献。

1. 打造绿色发展的核心制度优势

（1）构建绿色金融通用语言

深入参与国内绿色金融标准化系列工作、中欧及"一带一路"国家绿色金融标准和认证制度设计工程；重点参与气候风险预警、绿色项目投融资规范标准；全面参与绿色产业的界定，绿色信贷、绿色债券、碳金融等金融产品标准的完善，绿色金融风险管理的规范，绿色金融激励相容机制的设计以及绿色金融信息披露机制的健全工作。

（2）建设国内碳权市场和全球碳市场

遵循《中国（北京）自由贸易试验区总体方案》任务，支持北京绿色交易所在城市副中心建设全国自愿减排交易中心，健全我国碳排放权交易机制。推进碳银行储备项目落地，引入北京地区首家以"绿色"命名的北京银行通州绿色支行，逐步形成全球首个以碳减排为目标的银行聚集区，推出碳资产质押贷款融资、碳资产回购融资等金融产品，构建中碳指数，建设面向全球的碳市场。依托"两区"建设赋能，支持金融机构探索绿色资产跨境，围绕中欧《可持续金融共同分类目录》共同认可的72项减缓气候变化重大贡献项目，开发绿色金融绿色跨境交易场景。

2. 深化绿色理念在城市建设中的引领作用

（1）推行绿色建筑和绿色建造

建立健全覆盖策划、设计、生产、施工、交付等全过程的绿色建造标准体系。扩大绿色建材应用比例，优先选用获得绿色建材认证标识的建筑材料，合理选用可再循环材料、可再利用材料和以固体废物为原料生产的再生建材。大力推行绿色建筑和超低能耗建筑，新建保障性及政策性住房全面采用装配式建筑，有序开展老旧小区和农村住宅绿色化改造。2021年5月起，副中心范围内全面执行两个"百分百"，即新建民用建筑100%执行绿色建筑二星级以上标准，新建大型公共建筑100%执行绿色建筑三星级标准，成为国内首个大型公共建筑全面执行绿色建筑三星级标准的地区。

（2）建设高效绿色轨道交通

第一，加快完善城轨交通，强化副中心及周边区域交通。突破大客流条件下组织车站越行的行车与客运组织难题，加快推进6号线早晚高峰开行双向大站快车，实现郝家府与呼家楼之间约25分钟通达。加快平谷线建设，尽快实现北三县与中心城轨道交通直连直通。改造加长八通线高架车站，将1号线东段和八通线由6辆编组扩大至7辆编组，缓解瓶颈线段客流压力。加快副中心内部轨道建设，尽快成网增加覆盖。特别是加快推进M101和M102线建设。

第二，加快市郊铁路优化改造，强化多点新城与副中心快速联系。推动市郊铁路网建设，加强副中心与其他新城联系。以副中心线为骨干线路，构建"一干多支"市郊铁路格局。在东北方向，改造提升通密线，实现与顺义、怀柔、密云之间的快捷联系；在西北方向，改造提升S2线和东北环线，实现与昌平地区之间的快捷联系；在南部方向，加快建设S6线，实现与大兴地区之间的快捷联系；在西部方向，改造提升京门线并增加其与副中心之间的联络线，实现与门头沟地区之间的快捷联系。增建复线，加快实现副中心线公交化运营。作为骨干线路，在副中心线西段改造提升的基础上，加快推进副中心线北京站以东复线化改造，并向东延伸到燕郊，以提升运输能力，实现公交化运营和服务水平提升。

第三，加快推进"站城融合"，构建轨道上的都市生活。改造八通线位于机非隔离带上的7个出入口，并加快通州北关、北运河西两站出入口及通运门站一体化建设。加快建设8个车站微中心，构建"一个车站一座城""一条线路一串城"的城市格局。构建基于乘客信用的"信用+智慧安检"新模式。部署先智能分检再精检的检人系统和智能精准检物系统，提高安检质量和效率，缩短乘客安检时间，改善乘客进站乘车体验。强化车站增值服务。优化站内公共空间设备设施布局及客流组织，增设便民服务设施，形成网络化便民服务。

3. 建设绿色智能城市运行体系

（1）布局绿色交通运行体系

推进绿色智能交通管理，基本实现155平方公里范围内路灯智能化控制，搭建完善交通感知体系，实现"人、车、路"等交通要素采集，率先完成副中心155平方公里区域内智能信号灯"绿波调节"，实现动态优化信号灯配时，按市级自动驾驶3.0标准建设无人驾驶示范区。深入推进"双千兆"城市建设，重点区域实现5G网络连续覆盖并逐步扩展至全域覆盖，计划探索设立超低排放区，打造新能源汽车推广示范区，力争到2025年，推进公交车、出租车、环卫运输车等城市服务车辆基本完成新能源化，建设全国新能源汽车推广示范区。

（2）推进水、热供应和固废处理绿色化

第一，打造水城共融的千年之城，加速构建水循环利用体系。2022年，城市副中心共有碧水、河东、张家湾等污水及再生水处理厂170座；河东资源循环利用中心一期项目已于2023年7月建成，创建"厂网河一体、水地生综合、碳能质融通"的分布式下沉再生水生态系统，与现有河东再生水厂构成10.8m³/d的总处理规模，可满足城市副中心东部地区的污水处理、再生水利用和污泥处理方面的需求；减河北综合资源利用中心（一期）项目于2023年9月获通州区发展改革委核准批复，建设规模为7万m³/d，采用地下MBR工艺，地下空间为水厂，地上为绿地景观，进一步满足城市副中心东北部地区的水资源综合利用需求。此外，城市副中心在推进小微水体治理及河湖生态保护修复方面也取得了显著成绩，53条段黑臭水体治理全部完成，国家考核断面水质全部达标，市民切身感受到身边的河道从过去的排污河到现在的生态河的转变。

第二，加快绿色供热系统建设，大幅提高可再生能源替代率。综合利用浅层地热能、中深层水热型地热、城市余热资源和空气能，推动城市副中心供热方式由集中式向分布式转变，仅2022年冬天就有政务服务中心、城市绿心公园配套建筑以及北京国际设计周永久会址等重要项目用地源热泵代替传统锅炉；随着城市副中心剧院、图书馆、博物馆及共享配套设施地源热泵系统，六合村0701街区分布式地源热泵能源站及分布式光伏发电项目，北投大厦地源热泵供能系统、台湖国际图书城提升改造地源热泵项目，碧水再生水厂热泵供热供冷项目的建成，预计到2025年城市副中心绿色供热项目每年可减少3.7万吨二氧化碳排放。

第三，全面打造固体废物资源化循环体系，提升固体废物"三化"水平。2023年10月，《通州区"十四五"时期"无废城市"建设工作方案》正式发布，计划建设再生资源分拣中心和通州区再生能源发电厂二期，推进建筑垃圾、生活垃圾和园林绿化废弃物资源化利用。聚焦张家湾设计小镇、台湖演艺小镇和宋庄艺术创意小镇等特色小镇发展，选择适宜区域建设"零碳＋无废"专区和"零碳＋无废"小镇。

4. 建设蓝绿交织的森林城市

（1）打造水系纵横的北方水城

第一，推进通州堰系列分洪体系建设，高标准开展骨干河道治理。根据

《北京城市副中心（通州区）"十四五"时期水务发展与水系建设规划》，通州水务至少有两项重大工程，一项是通州堰系列分洪体系的打造，包括4项综合治理工程，即温潮减河、宋庄蓄滞洪区、温榆河综合治理和北运河（城市副中心段）综合治理，分洪体系建成后，将形成上蓄、中疏、下排的分洪体系，将城市副中心生态化防洪标准提高至100年一遇。2023年9月"通州堰"分洪体系最后一项工程温潮减河工程开工，预计将于2027年汛期前完成；另一项是完成玉带河、萧太后河、通惠河等骨干河道治理，实现全域水系连通。加快实施河道景观提升工程。实施萧太后河下段、通惠河上段、玉带河等骨干河道景观提升及生态修复工程，形成连续贯通的生态滨水岸线，提高滨水空间品质，改善滨河人居环境。

第二，深入推进海绵城市试点工程，开展海绵型家园改造。截至2022年年底，城市副中心海绵城市建设达标区域面积29.9平方千米、达标比例为40.1%，2023年6—7月"海绵"改造小区的雨水径流总量控制率达87%。到"十四五"末，城市副中心城市建成区50%以上的面积将达到海绵城市标准。

第三，打造全流域水污染综合防治体系，全面改善北运河水质主要指标。以持续提升水环境质量、水生态监控水平为目标，以污水治理、溢流污染治理、面源防治、再生水扩大利用及水网建设为重点，构建流域系统治理体系，开展入河排污口整治，补强城乡污水治理弱项，补齐农村污水治理短板。针对复苏河渠水系生态，将完成城北水网一期工程、两河水网一期工程、城南水网工程（漷牛片区）建设，开工建设两河水网二期工程、城南水网工程（台马片区、于永片区），推进城北水网二期工程实施和两河水网三期工程前期工作。逐步恢复河道沟渠基本的输水、排水功能，提升区域防洪排涝能力，打造水系连通和生态治理的基础。

（2）打造森林环抱的绿色空间

不断提升"一心"即城市绿心森林公园的绿化品质，初步建成环城市副中心绿色休闲游憩环的13个公园，使城市森林景观串珠成链。共建"两带"即城市副中心与中心城区之间的西部生态绿带及与北三县地区沿潮白河构建的东部生态绿带；打造"两区"即东西部生态绿带和南北生态廊道控制区，全面建设9个乡镇景观生态林。

5. 构建绿色高效能源体系

（1）全面实施减油、降气、增电措施

副中心大力推进压煤减碳工作，通过"煤改电""煤改气"，在全市率先基本实现"无煤化"，副中心能源消费转变为以电力、天然气、成品油为主。同时，积极推动世界先进节能环保技术、标准、材料、工艺在市政能源设施建设中的应用，大幅提升可再生能源利用比例。城市绿心区域内综合运用了光伏发电、地源热泵、储能和智慧能源管理等绿色低碳能源技术，可再生能源利用比例达到41.2%。副中心6号能源站项目，采用地源热泵、耦合燃气三联供等方式，实现56.6万平方米供能区域内清洁能源供热比例达到100%，其中可再生能源比例超过40%，成功入选全国可再生能源供暖典型案例。

（2）大力发展绿色能源，加快新型电力系统示范区建设

第一，发展太阳能，加快实现新建公共建筑光伏应用全覆盖。城市副中心将安装光伏设施作为强制性要求，力争实现新建建筑光伏发电全覆盖。在张家湾、宋庄、台湖等特色小镇打造一批绿色低碳样板，加快建设城市绿心三大建筑及共享空间、六合村能源站等多能互补供热项目，积极推动通州区东南部中深层地热试点项目落地实施，探索区域可再生能源综合服务商业模式。

第二，充分挖掘城市副中心现有资源潜力，规模化推进地热及余热利用。

第三，加强新型电力系统示范区建设。根据2022年发布的《北京城市副中心新型电力系统示范区建设方案》，城市副中心将重点建设"1+4"系列工程，即规划建设"2+6+13"项110千伏及以上电网工程和具有"四维感知"的数字化支撑平台，打造一张数字化坚强电网，提升电网保供能力和资源优化配置能力，到2035年，城市副中心供电可靠性将达到99.999%，外调绿电占外调电力比重70%，本地可再生能源100%消纳，电能占终端能源消费比重达到50%以上，电动汽车、中央空调等可调负荷占比达到20%。

6. 打造绿色低碳产业体系

（1）激发绿色化改造活力

2021年年底出台《通州区绿色化改造提升项目补助资金管理办法（试行）》，推动城市副中心软件信息服务产业和制造业的调整和提质增效。

第一，鼓励企业开展绿色制造体系建设，鼓励制造业企业创建绿色工厂、绿色供应链。对获得国家级"绿色工厂"、"绿色供应链"和"绿色企业"称号的制造业企业，最高一次性补助100万元。

第二，鼓励绿色智能化改造项目，支持制造业企业实施清洁化改造、能源利用效率提升、水资源利用高效化改造，鼓励企业按照全生命周期、资源环境优化、绿色创新的理念实施绿色智能化改造。对已实施完工（须提供具有资质的会计师事务所出具的专项审计报告），总投资额不低于200万元的项目，按不超过核定项目总投资额的30%给予补助，最高补助200万元。

第三，鼓励企业因地制宜使用分布式光伏能源替代化石能源，从根源上减少碳排放，根据发电量最高补助100万元。

第四，支持减碳发展项目，鼓励企业开展"碳核查"。鼓励企业试点通过权威机构开展"碳中和企业"认证。对获得"碳中和企业"认证的企业，最高一次性补助50万元，对经核算碳排放强度下降的企业提供最高300万元的补助。

（2）培育绿色产业新动能

推动北京绿色金融与可持续发展研究院与北京绿色交易所绿色金融业务的拓展，成立北京城市副中心绿色发展研究院和全球ESG投融资研究中心等专业研究机构，引入北创低碳科技创业投资基金、中美绿色基金、绿色基础设施投资基金等绿色基金，引进以ESG投资为重要板块的华夏理财、三峡新能源和中际联合等绿色上市企业；加快中关村通州园等地区产业转型升级，在西集网安园、台马科技板块等新兴产业集聚区应用绿色节能环保技术，促进产业低碳化绿色化。

7. 深化与廊坊北三县绿色一体化发展

依托北三县一体化示范区建设，研究绿色资源就近利用机制，加强绿色科技创新合作，支持碳监测大数据等绿色技术成果互认互用。探索固体废物资源共治，提升生活垃圾及农林废弃物的资源化利用。建立健全区域大气环境监测预警和联合督查机制，共同打造潮白河等主要水系廊道和交通生态廊道。协力落实绿色产业功能定位，延伸布局绿色产业链、供应链，实现跨区域绿色产业协同发展。加强智慧城市、绿色城市、海绵城市、韧性城市等方面的技术交流与合作，探索绿色发展区域合作共享新模式。

11.4 "双碳"约束下北京城市副中心发展总体思路

绿色低碳循环发展对城市管理提出更高要求。北京已进入以减量发展、绿色发展、创新发展为特征的高质量发展阶段，落实首都城市战略定位、推进大国首都建设，对城市管理提出了新的更高要求。副中心的"高起点、高标准、高水平"建设，更是要求更高的城市管理服务作为强有力支撑。科技创新发展带来城市管理模式、方法和手段深刻变革。大数据、人工智能等技术应用使城市管理的精细度、维度发生深刻变化，改变了原有管理的理念、模式和方法。副中心的城市管理工作要顺应新时代发展要求，准确把握数字化、智能化、绿色化、融合化的发展趋势，持续拓展前沿科技在城市管理领域应用场景，不断优化城市管理服务供给，切实提升治理效能，实行副中心城市管理服务"从无到有"向"从有到好""从好到高"转变。

1. 副中心城市管理水平提质升级的总体原则

第一，坚持以人为本，惠及民生。牢固树立为人民管理城市的原则，落实"人民城市人民建、人民城市为人民"的理念，把做好"四个服务"作为衡量城市管理水平的重要标尺，当好新时代副中心城市管家。

第二，坚持战略引领，高位匹配。坚持以新时代新发展理念为引领，高点定位、高效开展、高标推进。强化部门联动，形成"大城管"格局。坚持全周期管理，推动副中心规划、建设、管理一体化，形成闭环管理。

第三，坚持创新发展，科技领先。整合城市管理资源，优化管理流程，推行城市管理数字化，加强政策措施的配套衔接，强化部门联动配合，以网格化管理，社会化服务为方向。

第四，坚持绿色发展，生态优先。坚持绿色发展，必须坚持绿色富国、绿色惠民，推动形成绿色发展方式和生活方式，为人民提供更多优质生态产品。促进人与自然和谐共生、加快建设主体功能区、推动低碳循环发展、全面节约和高效利用资源、加大环境治理力度、筑牢生态安全屏障。

第五，坚持品质提升，打造特色。提品质促提升，打造区域高品质，具有副中心特色的城市管理品牌。

第六，坚持精管善治，智慧治理。建设覆盖副中心城市管理领域的管理服务标准体系，充分发挥科技支撑作用，建立"用数据说话、用数据决策、用数据管理、用数据创新"的管理机制，让城市管理更精细、更智慧，推动形成共建共治共享的城市治理新格局。

第七，坚持社会共治，全民参与。制定相关公共政策和管理服务政策，引导企业、公众适度全程参与，加强公众监督，开展居民城市管理服务领域教育。

2. 副中心城市管理水平提升的总体目标定位概述

高质量发展的战略全局下，在更深层次的城市化进程中，副中心必须深刻认识和研究城市的运行特点，在此基础上推动治理理念、体系、路径的改善乃至重塑，探索适合副中心发展的城市治理体系，开启打造城市副中心的治理模式。

全面贯彻习近平新时代中国特色社会主义思想和党的二十大精神，对标中国共产党北京市第十三次代表大会提出的"探索构建有效的超大城市治理体系，努力让城市生活更健康、更便捷、更舒适、更美好"的新使命，以党建引领城市治理体制机制创新，实现"街区吹哨、部门报到；久办不结、鸣笛统筹"的"大城管、小街区"的城市治理体系。加快推进城市精细化管理，形成与副中心相匹配的、具有全国标杆影响的城市治理能力，推进整个通州的社会治理体系和治理能力现代化。

始终把提升群众满意度和获得感的诉求作为城市管理治理的出发点和落脚点，对于"久办不结""久拖不决"的群众诉求，加强党建引领，发挥好城市副中心党工委管委会和区委区政府、通州区城乡环境建设管理委员会作用，进一步增强通州城管委的领导力和统领力，增大通州区城管委的鸣笛权威和范围，切实提高副中心的城市治理的统筹效能。夯实基层基础，充分发挥街区积极性、主动性，实行扁平化管理，推动重心下移、力量下沉、服务基层。着力构建"共治、共建、共享"的新型地区合作伙伴关系。

11.5 "双碳"约束下北京城市副中心治理路径建议

城市是有机生命体，是富有温度的公共空间，是"双碳"目标落实的主战场，是可持续发展的实现对象。精细化治理是提升城市形象，实现高质量发展的重要路径；也是提升运行效率，降低碳排放的关键手段。本部分围绕标准体系建设、环境提升、市政设施、能源保障、治理体系创新和智慧化转型六大方面，提出北京城市副中心精细化治理的路径建议。

1. 做实标准体系，打造规范严谨的新型城市

标准化是城市精细化管理的基础，当前城市管理的形势任务对标准化工作提出了更高的要求。早在2019年1月，北京市委、市政府《关于加强城市精细化管理工作的意见》中就明确要求，要注重标准先行，推动城市管理标准化，对标国际一流，梳理完善相关标准规范，逐步实现城市管理领域标准规范全覆盖。

作为城市副中心，通州区城市管理的标准化可以从以下几方面入手。

（1）上位标准体系综合梳理行动

目前，通州区的城市管理多沿袭市级标准体系。部分标准体系已成文多年，但是在实际工作中并未得到充分的落实。

目标：对国家及北京市指定的城市管理领域标准进行总体梳理和学习，落实到具体工作当中。

具体措施：

2004年，北京市在全国首次提出构建市政标准体系，并初步建立了市政市容标准体系框架，完成了标准体系数据库和环卫、燃气、供热、照明四个子体系的建设，梳理国家、行业、北京市地方标准660项。此后，从2005—2020年，北京市组织制定、修订城市管理领域北京市地方标准共109项。从标准的类别上看，随着推行城市管理精细化，标准制修订的重心逐步转向管理类，如《城市综合管廊运行维护规范》《餐饮单位餐厨垃圾分类减量装置使用管理规范》等。随着城市管理领域的拓展，标准的制修订也涉及新的内容，如《电动汽车充电站运营管理规范》《农村街坊路清扫保洁质量与作业要求》等。而且，标准的制修订逐步从单一标准向系列标准转变，如《城市景观照明技术规范》涉及8项系列标准，《环卫车辆功能要求》涉及4项系列标准，《户用分类垃圾桶（袋）技术规范》涉及3项系列标准等。

北京市城市管理标准体系针对城市管理领域"杂"的特点，以"复杂问题简单化、简单问题标准化、全局问题系统化"为原则，发挥标准化在城市管理与服务中的功能与作用，满足了北京市城市管理委员会业务职能部门日常工作的客观需要。这些标准体系在通州区的城市管理过程中同样适用。

（2）通州特色城市管理标准体系打造行动

目标：利用2~3年时间制定一批具有通州特色的城市管理标准体系并推行实施。

具体措施：

第一，工作原则。通州区致力于打造中国式现代化城市发展样板。在此过程中，符合自身特色的标准体系不可或缺。通州区的城市治理标准体系应当突出副中心特色，遵循高位化、统一化、同城化的原则。高位化即在某些领域制定略高于市级标准的标准体系，以匹配副中心的定位；统一化即各类标准体系的制定尺度应当保持一致；同城化则包括两层含义：一方面是和城市管理水平较高的东、西城看齐；另一方面是通州内部城区和农村地区的均衡发展。

第二，重点领域突破。在目前通州区已有较为成功实践经验的领域先行制定一批标准，例如路灯照明领域、公厕建设领域、充电桩建设领域、环卫一体化领域等。此外，在城管指挥中心的智慧化平台支持下，可制定副中心智慧城市建设与应用相关的标准体系。

2. 推进环境建设，打造特色鲜明的魅力城市

（1）环卫作业质量提升行动

目标：提高环卫作业的机械化水平，实施垃圾收、运、处置全程封闭管理，提高环卫作业质量。

措施建议：

第一，道路清扫保洁一体化。积极推进全区道路清扫保洁一体化方案编制，探索建立155平方公里范围内道路移交动态机制，建立特色小镇清扫保洁一体化作业服务运作模式。按照统筹推进、分步实施的原则，采用"特色小镇及重点道路先行先试、重点乡镇示范引领、全区适时复制推广"的顺序，逐步构建全区"覆盖全面、精细优质、标准清晰、市场运作"的清扫保洁一体化新格局。

第二，区城管委和住建部门、执法部门、属地等相关部门建立部门联动机制，形成"齐抓共管"的工作合力。在计划、执行、检查、总结、回头看五个工作环节上建立闭环机制，推进道路清扫保洁和垃圾全程闭环管理水平不断提升。

第三，提高环卫作业的机械化水平，逐步实现"机械为主，人工为辅"的区域化作业模式。形成大、中、小机械清扫车辆和人工快速保洁相结合的多元化清扫模块，力争在三年内将155平方公里范围内主干道和背街小巷机械化清扫率逐步提高至100%。

（2）持续开展建筑垃圾规范管理行动

目标：建立健全相关管理制度和安全检查制度，采用新技术提高全区范围内建筑垃圾规范治理效果。

具体措施：

第一，严格落实市、区两级相关政策、文件要求，做好建筑垃圾相关备案许可审批工作。

第二，建筑垃圾运输过程加强监管。加快推进全区建筑垃圾车辆新能源化工作，力争实现150辆渣土车新能源化更替。区城管委联合多部门建立渣土运输企业安全检查制度，对包括建筑垃圾经营性运输企业《道路运输经营许可》《城市建筑垃圾经营性运输登记证》取得情况，企业安全管理机构设置、安全管理制度的建立执行情况，以及运输车辆、从业人员、安全教育、安全自查、应急演练等安全管理制度落实情况等进行检查。

第三，开展京津冀建筑垃圾联合治理。一是建立联席会议机制，每周沟通建筑垃圾违规跨省（市）运输专项治理行动开展情况；共享信息，解决建筑垃圾治理相关重大问题；研究出台建筑垃圾治理相关政策。二是明确联合执法工作机制。京津冀三地要严把进出京关口，省、市、县（区）多级城市管理、住房城乡建设、公安、生态环境、交通运输等部门建立联合执法机制，每月联合执法不少于一次。三是建立跨省案件联合办理和线索移交工作机制。京津冀三地相邻近的市、县（区），指定专人负责，明确专项联络员，建立完善跨省偷运和倾倒、违法运输处置建筑垃圾案件的联合办理机制和违规线索移交机制，对发现的偷运乱倒建筑垃圾车辆、个人进行线索倒查，实现联合惩处。四是完善建筑垃圾资源化利用工作机制。畅通互通互运渠道，加强建筑垃圾再生砖、再生骨料等建材产品的资源利用率，规范跨省利用行为。可以按照就近原则，在京津冀三地跨省利用。

第四，运用先进的科技手段提高建筑渣土管理水平。综合利用 RFID、红外、无线传输、摄像监控等技术，对进出工地和进入倾倒点的每辆建筑渣土运输车辆进行全面的监控，可实现对车辆有无证牌、是否带泥上路、是否超载、是否篷盖、是否到指定倾倒点倾倒、是否按定时限运输等进行记录和取证，为建筑渣土车的全过程监管、违规执法、实理第三方结算等提供最详细的数据和依据，使得建筑渣土的长效管理成为可能。

第五，具体调研案例整治建议。针对施工扬尘、路面遗撒和施工车辆带泥上路等现象频发、渣土车运输管理难等严重影响道路清扫的"老大难"问题，持续开展专项攻坚。对东六环西侧路、京榆旧路、潞苑北大街等周边施工工地较多的道路，持续开展渣土运输联合督导检查，对渣土车不密闭、超载装运、道路遗撒、乱倒乱卸、尾气排放超标等行为加大处罚力度。及时查处曝光非正规生活垃圾和建筑垃圾违法堆放问题，实现动态清零。

（3）城区背街小巷环境整治综合提升行动

目标：利用 2~3 年时间，实施城区背街小巷综合整治工程，推动城市管理进小巷，营造"设施齐全、环境美好，交通顺畅，管理有序，安好文明"的街巷环境。

提升计划：

第一，实施"整治+维护"模式，逐步形成精细化管理长效机制。自2023 年开始，分为四步骤完成：一是，区城管委牵头其他部门成立背街小巷环境整治综合提升工作专班；二是，开展整治方案宣传进企事业单位和社区活动，做好宣传解释和动员，调动大家积极配合和参与其中；三是，根据所选背街小巷的原有资源条件和特色进行整治方案设计并开展具体整治行动；四是，稳固整治成果，同时作为背街小巷整治的样板进行整治方案推广。至2025年形成城区背街小巷精细化管理长效机制。

第二，按照"街道大网格＋街巷小网格"两级负责模式，制定具体整治重点和责任划分，做到整治和维护标准清楚明确，方案执行责任落实到人、区域范围明晰到网格单位。

以通州区各街道所辖范围为整治大网格单位，根据每个大网格的区域位置和建设特色确定每个大网格内急需整治的背街小巷作为小网格，制订具体整治方案并落实到位，确定巷长，责任到人。

第三，2023年试点"精品街巷"建设，打造10个背街小巷环境综合提升样板，为后两年提升计划提供标杆参考和为"街巷连片成美丽街区"打基础。

2023年选择10条亟待环境提升的街巷作为试点，通过联合街巷所在街道、社区提出整治设计方案，通过拓宽沥青路面、修建人行道、统一出新店招标牌、挖掘闲置场地资源、配建停车场等措施，改善居民出行条件、提升居民生活环境。同时，利用街巷原有的历史文化底蕴，增设文化标识和景观墙、打造精品街巷。在此基础上通过精品街巷连片建设，把几条街巷围成一片，打造更多的"美丽街区"。

第四，设立背街小巷维护专项资金，提供有力财政支持。由城管委统一统筹，治理和维护成果由城管委负责验收。该专项资金特定适用于背街小巷治理项目，由属地支出，依照背街小巷的长度、现状、治理难度等多重因素综合考量予以拨付。出台具体专项资金使用办法。

第五，具体调研案例整治建议。一是架空线入地。二是开展道路环境提升。三是对背街小巷相关道路设备进行人性化改造。比如提升照明系统，杜绝"暗盲区"；铺设太阳能闪光道钉，在雨、雾天气消除道路隐患；为慢行系统设置提示语，做到行人友好出行；增加无障碍设施的密度，方便残障人士出行；投放更多智慧设备，例如将路灯杆、市政杆件、城管杆件、交通杆件、民生杆件、安防杆件等杆件的"多杆合一""一杆多用"的智慧灯杆。四是对公共厕所进行提升改造，建设清洁管理的智慧公厕等。

（4）道路照明和各类景观点增设和维护行动

目标：开展道路照明和各类景观点增设和维护，实现无黑暗路段和提升公共空间品质。

整治建议：

第一，持续开展"有路无灯"问题专项治理工作。认真排查梳理应增设路灯道路路段和区域，进行增设和现有路灯维护。特别是经排查梳理出的重点区域，如潞邑街道、九棵树街道、临河里街道、杨庄街道、通运街道、永顺镇等6个辖区，共计16条道路，长度约6.41千米增设路灯，并配建电源箱变。

第二，重点公共空间增设新的景观点和做好现有景观点维护。

景观布置坚持以人民为中心的工作导向，突出弘扬中华优秀传统文化的主题，本着"整体布局、节俭利旧、创新特色、多元参与"的原则，重点围绕"面域"城市副中心155平方公里宜居生活、行政办公、文化创意、历史文化、滨河、环球主题公园等六大风貌区；围绕"线带"新华大街、通胡大街、通济路、运河东大街等主要道路与运河沿岸千荷泄露、东关大桥、玉带河桥、运通桥等主要大桥；围绕"节点"三庙一塔、进出副中心等区域，以灯笼中国结、夜景照明、景观小品为主要载体，融合传统与现代元素，在各类风貌区打造符合区域定位的特色景观布置，实现灯笼灯饰红红火火、景观小品喜庆祥和、夜景照明多姿绚烂的昼夜兼备景观效果。

对重点公共空间现有景观点做好维护和增设部分景观点以提升公共空间品质。特别是针对中国各个传统节日，应适时推出具有节日特色的景观点和景观灯体。

（5）围挡标准化及户外广告牌匾规范化行动

目标：继续推进各类围挡治理工作专项行动，注重标本兼治，完善长效机制。2023年编制完成副中心范围内36个街区的《副中心街区户外广告设置规划》，并组织实施。实现各类围挡安全、整洁、美观；户外广告牌匾标准明确、特色鲜明。整体优化户外空间品质。

实施措施：

第一，对现有各类围挡进行摸排，建立动态管理和维护台账。对各类围挡进行摸排，建立动态管理和维护台账，督促属地落实监管责任，及时开展整改工作。同时督促属地加强巡查检查，发现问题及时督促设置单位整改，实行"每月一报"制度，确保各类围挡整洁美观。

第二，继续推进各类围挡的标准化管理。按照《2022年"疏解整治促提升"专项行动围挡规范治理工作方案》和《北京市建设工程围挡标准化管理图集（2022版）》中的要求，实行全周期动态精细化管理，加强定期巡检维护，始终保持围挡稳固、安全、整洁、美观。

第三，按照上位规定，编制完成副中心范围内36个街区的《副中心街区户外广告设置规划》。落实2021年发布的《北京市户外广告设施、牌匾标识和标语宣传品设置管理条例》要求，按照《北京市户外广告设施专项规划（2022年—2035年）》规划思路，在2023年年底前编制完成副中心范围内36个街区的《副中心街区户外广告设置规划》，并组织实施。

第四，明确通州区整体广告设置风格。街区广告形成"两轴、三片、多组团"广告特色架构。明确副中心范围内各街区户外广告设施设置区域、设置总面积、类型以及品质要求，并纳入户外广告设施综合服务信息平台，依法依规管理。

第五，打造区内各重点区域的个性化广告场景。对重点商圈，要求打造特色鲜明商业名片。以创意多元的展示形式，设置景观化、艺术化、场景化的户外广告设施，突出多层次、多元化的城市活力场所特色，打造地区活力节点，营造"中国潮""国际范""烟火气"共融共生的商业氛围。对特色产业园区，展现时代感与艺术性的创新中心环境。采用现代化、国际化、精品化的户外广告设施形式，合理运用先进技术演绎时代感和艺术性，提升区域环境整体品质。

第六，注重户外广告的规范化管理和常态化宣传。对重点商圈和特色小镇进行"规范治理、示范引领、同步更新"管理措施。多渠道、全覆盖、常态化开展《副中心户外广告街区规划》《副中心牌匾标识设置指引》宣传培训活动，争取更多理解、支持，让户外广告成为副中心的一扇展示窗口。

第七，具体调研案例整治建议。针对施工类围挡要做到标准化设置，包括材质、风格、颜色等并进行经常性检查维护。对非施工类围挡要根据围挡用途等进行特色设计并体现副中心和通州特色。户外广告设计不仅要做到标准化设置、悬挂，同时要注重体现副中心特色，特别是针对不同的功能区进行特色化广告牌设计和悬挂。

（6）凸显区域特色的风情主题街区打造行动

目标：力争通过3年时间，在副中心根据区域特点分批在全区培育创建一批特色产业鲜明、多种功能叠加、体制机制灵活、人文气息浓厚、生态环境优美、宜居宜业宜游宜休闲的特色小镇，形成"产、城、人、文"四位一体有机结合的重要功能平台。

打造建议：

第一，城管委设立特色小镇创建培育工作专班，协调其他部门制订特色小镇创建培育计划和实施方案（原有升级＋新建小镇）。可采取政府引导、企业主体、市场化运作，以社会资本为主投资建设的模式。特色小镇要有明确的建设主体，鼓励由特色产业内的骨干企业或行业协会商会牵头，组建多元化、公司化的管理运作平台。政府做好规划编制、基础设施配套、市场运行监管、文化内涵挖掘、生态环境保护、统计数据核报等工作。特色小镇实行每年进行等级评审和挂牌制度。

第二，以"整合资源、彰显特色、合理布局、填充空白"的思路，开展特色小镇"创建＋升级"行动。根据区域特点和空间布局对现有小镇提质升级和特色小镇新建计划。特色小镇是城市副中心规划建设的一道风景线，应充分凸显通州区的历史古韵和现代城市副中心的活力。建议2023年完成第一批特色小镇和主题街区新建和提质升级。

第三，采取特色小镇多点开花，"各有特色、串珠成链"的副中心空间和功能布局设计，打造副中心＋京东特色模式。聚焦"副中心建设＋大运河文化带＋通州区历史文化古迹＋特色小镇"，以文化旅游区和大运河文化带建设为轴线，有机串联特色小镇和重要节点，打造富有副中心＋通州特色的旅游地。

第四，开展小镇外公共空间的环境综合提升和口袋公园建设，建设小镇客厅。建设和修缮休闲游憩空间，多点布局城区口袋公园，重点在行政办公区、大运河沿线、宋庄艺术创意小镇周边及张家湾设计小镇周边实施精细化整治提升，塑造特色街巷空间。

3. 更新市政设施，打造安全可靠的无隐城市

目标：不断迭代检查市政设施，前瞻性制定建设规划，及时消除设施存在的各类隐患，构建城市健康运转的"骨骼"。

（1）分类的道路交通系统完善行动

目标：在未来三年中，继续推进3条主干路、10条次干路、6条支路的新建项目；针对重点路口、拥堵区域、交通枢纽等路段实施改造和交通信号灯优化措施，实现路网通畅。新建和盘活现有公共停车场，满足副中心出行需求。

措施建议：

第一，推进主干路建设，加强微循环道路。完善老城区次支路系统，打通一批断头路，推进建设一批微循环道路。自2012年起，主干路建设总里程6.1千米（已完工3.5千米）；次、支路建设总里程约30.2千米。先后完工微循环道路里程约4.5千米；实现朝晖南路等道路工程进场开工，持续推进微循环道路建设，力争路网密度达到5.1千米/平方千米，进一步提升副中心路网密度，为副中心提供出行服务保障。

第二，重点、堵点区域路网改造。针对北运河东滨河路开通工程、通州区重点路口疏堵、慢行系统改造项目、行政办公区交通信号灯智慧联网项目、通州梨园站周边交通与空间环境综合改善项目、交通信号灯增设工程、八通线果园站—九棵树站两站一街改造项目等7项工程开展优化改造，提升信息化水平，缓解交通压力、提升通行流畅性及提升市民幸福指数。

第三，不断提升精细程度，加快推进慢行系统品质建设。提高绿色出行比例，营建城市道路、绿道、滨水岸线三网融合慢行体系，不断提升城市副中心慢行出行品质，建设步行和自行车友好城市。加快推进北苑慢行系统示范区、温榆河三网融合示范区建设，引入借道左转、非机动车左转一次过街等全新的智慧交通理念，借助全息影像系统等高新技术手段，保障行人和非机动车路权。同时，收集智慧交通体系的各项数据，对建设成效进行评估，对效果显著的方案大力推广，力争全面建成自行车友好型城市。

第四，推行多杆合一，强化设施功能整合。启动实施玉桥东二路多杆合一试点工作。通过推进"多杆合一"和电力箱体"三化"治理，强化设施功能整合，集约设置各类杆体、箱体。LED信息发布屏用于发布公共管理信息及广告；监控摄像头可对车辆及行人交通治安信息实时监测；环境监测传感器可对环境数据进行实时检测。

第五，科学布点，新建公共停车场，盘活已有停车资源。目前，通州区已在44家停车场推行"有偿错时共享"停车新模式，共计515个共享车位。车主可根据不同需求，自由选择日间段、夜间段、全天段3种错时停车收费方案。未来这一模式可继续深入开展。

除了盘活存量外，随着副中心的不断发展，增量停车位也应纳入考量。尤其是在万达商圈、各大地铁枢纽、公园景点、宋庄、台湖等区域以及环球影城周边等，规划新的停车区域。停车场的规划应与拆违协同开展。在拆违完成后，产权方尚未明确土地用途的情况下，城市管理部门可主动与产权方沟通，建立临时停车场，防止土地闲置，方便市民生活。

（2）全面的设施隐患排查行动

目标：动态巡查市政设施的健康状况，将隐患及时定位并快速解决，保障市民安全。

排查措施：

第一，开展日常巡检与专项检查相结合的消隐行动。对全区内道路、绿地、广场等市政公共区域和居住区范围内的各类地下管线及附属设施全面排查隐患，重点针对其存在的腐蚀、锈蚀、变形、老化等可能影响地下管线安全运行、导致地下管线事故发生的自身结构性隐患，石油天然气管道、危险化学品管道与城市地下管线的交叉、相邻或重叠区域，以及违法违规建设占压、土体病害等周边环境影响隐患进行排查。

第二，开展城市副中心区域地下管线重大隐患治理和燃气地下管线重大隐患排查，并在此基础上健全防范施工破坏地下管线和老旧小区管线改造统筹工作机制，建立城市副中心地下管线更新改造和隐患分级分类台账。2024年年底前，建立健全区市政管网更新改造、隐患排查治理等长效机制。2025年年底前，完成全区地下管线重大隐患治理，存量重大隐患"清零"，信息化智能化建设取得明显成效,大幅降低地下管网事故率。

第三,加强科技应用,建立隐患治理长效管理机制。由地下管线产权单位根据隐患治理紧迫程度,由高至低按照"红、橙、黄、蓝"四个等级分级分类建账;建立隐患治理项目储备库和年度治理计划并组织实施。健全基础信息更新、隐患台账动态更新、老旧管网更新改造、防范施工破坏地下管线等制度机制,完善新增占压隐患防范与治理机制,规范小区内隐患治理的协作配合和恢复补偿。结合更新改造和隐患治理,统筹推进管线设施监测、隐患感知预警等信息手段建设;加强地下管网运行状态、管理态势综合分析和预测预判,实现地下管线信息共建共治共享,为地下管线更新改造和防外力破坏提供科技支撑。

4. 优化能源保障,打造供应多元的绿色城市

为加快建成城市能源保障领域形成低碳、绿色、安全新格局的具体实践要求,全区能源保障结构正在逐步调整优化,伴随新能源和可再生能源被不断挖掘应用,倒逼传统化石能源消费总量逐年下降。

(1)城市副中心新型能源体系建设行动

目标:构建清洁、高效、多元的新型能源体系。

具体措施:

第一,加快贯彻和完善"二十大"报告中关于建设新型能源体系建设的要求,加强以电力、燃气及热力为主的能源产供储销体系建设,确保能源供应和使用安全。

第二,建设新型电力系统,积极打造高可靠性配电网示范区;建立多源多向燃气供应体系,完善应急抢险体系;推进清洁供热方式多元化,提升供热行业韧性。

第三,围绕互联网+智慧能源服务,加强新型基础设施建设,提高基础设施体系化、网络化、智能化水平,推进终端智能设施利用,提升需求侧用户服务水平。

(2)绿色能源项目投资建设行动

目标:合理规划绿色能源项目建设,充分利用市场投资,促进项目落地实施。

具体措施：

第一，充分发挥战略投资部先头作用，重点谋划好绿色能源项目立项可研，把握好规模、时序和标准，精准匹配项目建设进度，做到绿色能源项目"在建一批、开工一批、储备一批、谋划一批"。

第二，加快与张家湾车辆段、副中心站交通枢纽、文化旅游区相关业主合作，加强项目谋划，推进标志性工程采用新模式建设，加快启动实施。

第三，研究加强投资行为管理，结合投资和资产负债情况，提出工作建议，降低投资、运营风险，促进良性健康发展。

第四，制定"十四五"时期重大项目资金平衡方案，为"十四五"项目落地提供支撑。

（3）加快推进业务模式的复制推广

目标：加速城市副中心与北三县一体化发展，增加城市副中心承载容量、规模与基础。

具体措施：

第一，深入落实好城市副中心与北三县一体化发展工作协调机制，在服务好副中心建设基础上，与北三县相关单位在绿色低碳等方面进一步加强协同联动。

第二，积极探索区域协同发展新模式，将城市副中心绿色能源规划建设经验运用到北三县开发建设运营中，共同打造区域协同发展的标杆项目。

5. 创新治理体系，打造以人为本的精致城市

（1）"副中心城市大管家"品牌创建行动

目标：利用未来3年时间，创建"副中心城市大管家"的品牌形象，突出城市管理的公众性、服务性、智慧性，体现副中心城市管理工作的高度、温度和速度。

创建计划：

第一，城市管理与党建深度融合，打造党建引领下的"红色管家"。依托各级党工委、实施"双报到"后的党员个人、"小个专"党建工作指导站等，充分利用党组织深入群众、覆盖末梢的优势，与城市管理工作结合起来。保证党的红色基因在城市管理工作中的延续。有了党组织的背书，市民对城市管理的信任感和支持度都会有明显提升，也更愿意参与其中。

第二，城市管理与智慧城市建设深度融合，打造科技引领下的"蓝色管家"。打通市政管理、专项设施管理、资产管理、社区与辅助公共服务、资源经营等多个业务板块，构建"清单化、数字化、一盘棋、全闭环"的城市"全域治理"模式。"蓝色管家"可以以环境问题督查、远程执法辅助、视频抓拍喊话等应用场景入手，将范围大、发生频次高、危害较轻的城市管理事务纳入其中，减轻城市管理工作负担，提升工作效率。

第三，"副中心城市大管家"与街区考核挂钩，构建星级评定体系。结合标准化体系建设工作，为"副中心城市大管家"建立完善的评价指标体系，每年针对街镇进行管家星级评定。所获星级与下一年度的财政经费、人员绩效挂钩。需要注意的是，副中心城市大管家星级评定是对现有城市管理工作的综合和提升，而不是新增的基层工作负担。

（2）城市管理网格化管理机制完善行动

目标：通过以网格化为载体的"依靠群众，推进具体工作落实"长效机制的运行，使城市管理中存在的各类问题比如占道经营、门头牌匾、暴露垃圾等得到持续整治，营造稳定、有序、和谐的城市发展环境和群众生活环境。

完善建议：

第一，完善区城管委、街道、居委会、社区四级网格体系，理顺四级网格发现问题、反映问题、解决问题、反馈问题的工作流程。实施城市管理管理权限和管理人员下沉，帮助网格管理员开展具体工作，进行业务指导，并建立下沉人员巡查发现机制、解决问题机制、反馈问题机制、协调联动机制、监督考核机制。

第二，细化城市管理四级网格体系行动方案，四级网格具体任务落实到位和网格员具体到人。丰富各级网格员类型，将城管执法队员、协管员、市政维护人员、环卫人员和信息单位和社区门岗、监督员定岗到网格，并充分发挥居民群众的积极性。制定具体的每级网格的工作职责和年度工作细化方案。特别是丰富各级网格员类别。例如将环卫人员也纳入到网格化管理的队伍中。相对于专业的城市管理执法队伍，环卫队伍具有人员数量大、工作区域广、作业时间长等特点，更容易在现场发现道路遗撒、车辆带泥上路、临街商户乱扔乱放等违法违规现象，并取得相应证据，为执法人员提供处罚依据。探索将环卫作业人员纳入到城市管理系统中，开通环卫作业人员向执法部门反馈违法线索的有效渠道，建立"环卫＋执法"的联动机制，以有效提高执法效率。

第三，具体调研案例整治建议。提高网格化管理的数字化管理运行水平。让数据多跑路，让群众少跑腿，实现一部手机管理全城，开创全民共管、共治、共享的新局面。

（3）区街城管执法机制建设行动

目标：建立区城管执法局和街乡镇对基层综合行政执法队的双重领导机制，建立城管执法共治共享机制，完善城管综合执法与专业执法衔接配合机制。

实施措施：

第一，加强城管执法沟通联动，构架城管执法网格化服务机制，重塑城管执法新格局。形成"党委领导，政府负责，社会协同，公众参与，法制保障"的城市管理新模式。健全对接机制，构架城管执法与街道城管执法网格化服务机制，在街道领导下，建立社区城管执法宣传、劝导、报告网格员。

第二，前移城管执法端口，完善衔接流程，创新城管执法与街道调解机制。明确城管委与街道城管执法和街道调解对接机制，建立居民反馈问题＋街道劝解和吹哨警告＋街道城管执法劝阻＋城管具体执法＋常态化巡查模式。

第三，完善整治与巡查模式，实施盯守与巡查相结合的管理制度，实现无缝衔接的城市管理机制。街道城管办分区域、分批次、分节点以"白＋黑"的模式开展辖区内的各式摊位占道经营等违规现象整治，并强化夜间巡察工作。

第四，创新"互联网＋"思维，建立城管执法在线平台，提高城市管理执法的智能化水平。新形势下，要坚持科技赋能，将人工智能、大数据等技术引入城市管理执法前端，不断丰富城管执法工作中科技运用的广度、深度和力度。

（4）多元协同的共享城市建设行动

目标：强调各类主体共同参与城市管理，强调各类主体共同享有城市管理取得的成果，实现政府治理同社会调节、居民自治良性互动，建设人人有责、人人尽责、人人参与、人人享有的城市管理和治理共同体。

打造计划：

第一，进行城市管理治理模式的转变，由单纯的政府部门负责转向多元的主体共治共享模式。强调各类主体共同参与城市管理和治理，强调各类主体共同享有社会治理成果，让居民群众共享城市管理所取得成就的成果。让居民成为城市治理的最广参与者、最大受益者、最终评判者，让人民群众在参与城市治理的过程中感受到人人有责、人人尽责、人人享有的重要性。

第二，推动"管治模式"向"服务模式"转变，打造城管部门、企事业单位、街道社区、市民群众深度交融互动的城市管理行动品牌。围绕城市管理中心工作，转变工作思路，推动开展城市管理工作由单向布置任务被动完成向交流互动转变，服务群众，群众积极参与转变。区城管委要调研群众最关心、反映最强烈、要求最迫切的城市管理问题，实打实地为群众解难事、办实事、做好事，真正做到暖民心、聚人心、解民忧，架起城管市民连心桥。

第三，不断创新城市管理的体制机制，推动由"管理城市"转向"运营城市"模式转变，打造城市管理共治共享的"副中心实践"。城市管理的治理理念之变，背后必须有制度和标准支撑，才能真正实现城市管理服务效能的提升。建立有效协作的城市管理工作机制，构建城市管理互联互通信息系统，整合部门资源，将被动的末端执法和事后处罚为主转为源头防治和事前控制，强化事中执法警示作用；建立城市管理志愿者行动机制，开展志愿者服务活动，引导社会组织、市场中介、企业和市民参与城市治理；探索社会参与机制，建立政府与社会互动机制和社会监管制度；充分发挥城市管理研究联盟、科研机构的作用，建立城市管理智库，为破解突出问题、瓶颈问题提供坚强的理论支撑等。

第四，在城市管理方面切实做到"民有所呼，我有所应"，让群众在解决家门口城市管理问题中的参与意识、参与能力、参与积极性和归属感得到逐渐提升。引导群众从家门口、从身边小事、从关系到自身切身利益的城市管理中发现问题，反映问题，使城市管理工作聚焦到群众关心的热点和难点问题，并进行认真整治，让群众看到参与城市管理工作中的成就感。

6. 深化技术创新，打造现代高效的智慧城市

（1）综合应用小卫星遥感监测技术开展服务行动

目标：通过高频度快速获取全区卫星遥感影像，全面掌握地表覆盖现状，动态监测地表变化情况，定期获取各类监测数据，形成早发现、早报告、早整治的管理闭环，为各级各部门业务管理、问题处置、科学研判提供依据。

具体措施：

第一，开展专题信息监测服务，按月度提供地表资源现状和变化监测、新增违法用地监测、新增违法建设监测、园林绿化资源监测、"两田"监测、设施农业监测、无序堆放垃圾渣土监测、生产项目水土保持监测、高标准农田监测、过境重点高速沿线环境监测、耕地空间分布与变化监测、生态林监测、地表水资源分布监测、过境铁路沿线环境监测、造林工程监测、不可移动文物监测、烈士纪念设施保护范围监测、地震监测站点周边环境干扰因素监测、集体土地非宅拆迁与腾退监测、固定资产投资项目监测、临时公交场站监测、建筑垃圾临时资源化处置点、临时贮存点和可回收物点进行堆体变化监测、城镇绿地监测、重点河道周边环境监测，按年度提供全区桥梁监测、交通路网监测。同时房屋层数监测全区按年度提供，副中心按季度提供。实现全区全面无死角监测，推动建设智慧城市，同时助力生态环境保护，城市综合整治等业务工作。

第二，推动城市综合治理，构建空间信息综合服务，打通城市空间信息系统与区内现有信息化系统间的数据链路，实现"小卫星"监测从"问题发现—业务初筛—现场核查—问题整治—监督考核—情况上报"的闭环管理，同时，结合区内相关政策机制，推动空间信息在区内的共享与应用。

（2）基层治理智慧化水平提升行动

目标：发挥副中心高端定位的优势，建立基层智慧治理网络，从"微智慧"构建"大体系"。

实施计划：

第一，完善智慧社区顶层设计。衔接城市副中心城市大脑、元宇宙总体部署，编制智慧社区建设规划，制定智慧社区建设指南。按照国家新型智慧城市建设与评价标准体系，完善智慧社区规范标准、信息安全、建设运营和保障激励等政策制度。构建智慧社区"115N"整体架构，完善1个社区数据库，搭建1个智慧社区综合信息平台，围绕社区党建、社区治理、社区服务、社区安全、居民参与5大板块，建设N类社区智慧应用场景。

第二，大力推进"网格+热线"融合发展。健全完善区、街道（乡镇）两级网格化管理工作与市民热线对接机制，实现网格化管理平台和市民热线平台流程、标准的对接和数据信息共享。加强网格化管理平台建设，健全问题发现、研判预警、指挥调度、督办处置、考核评价等功能，充分发挥网格化管理在基层治理中的基础性作用。赋能网格员队伍，在日常工作中增扩巡查视角，从民生的角度及时发现有待改善的城市治理问题。

第三，推进智慧化群众诉求响应机制。整合随手拍、社区曝光台等政民互动渠道，利用人工智能、大数据等技术实现"主动治理、未诉先办"。基于"城市二维码"编码规则实现城市部件、楼宇建筑等实体"扫码即知""扫码即诉"，畅通和规范群众诉求表达、利益协调、权益保障通道。

（3）智能化城市生命线管理系统

目标：对城市的水、电、热、气等全面实现动态、实时、智能管理，降低维护成本，提高问题处理效率。

实施计划：

第一，城市水、电、气等系统的数据衔接。城市给排水、燃气、电力、电信、有线电视等地下管网是城市的"生命线"。副中心已经引进了地下管网GIS和排口信息监控系统，通过前期大量普查探测工作，初步建立起城区地下管线信息系统，为后期城市建设及市政基础设施维护等方面发挥重要作用。未来须进一步将探测普查成果与原有地下管线信息系统衔接起来，形成完整的通州城区地下管线信息数据库。

第二，照明系统的智能控制。2021年，副中心启用了最新的照明监控平台，江海大道东延高架上约2700盏灯实现了单灯控制，每一盏都能独立进行远端控制照明时间、亮度，发现故障快速检修。未来主要工作在于利用该系统，完善后台数据，更新最新路灯分布，规范路灯标准，实现一体化、标准化管控。

参考文献

[1] 柴麒敏,傅莎,郑晓奇,等.中国重点部门和行业碳排放总量控制目标及政策研究[J].中国人口·资源与环境,2017,27(12):1-7.

[2] 杜建国,王玥,赵爱武.智慧城市建设对城市绿色发展的影响及作用机制研究[J].软科学,2020,34(9):59-64.

[3] 杜祥琬,冯丽妃.碳达峰与碳中和引领能源革命[N].中国科学报,2020-12-22(001).

[4] 范洪敏,米晓清.智慧城市建设与城市绿色经济转型效应研究[J].城市问题,2021(11):96-103.

[5] 葛立宇,于井远.智慧城市建设与城市碳排放:基于数字技术赋能路径的检验[J].科技进步与对策,2022,39(23):44-54.

[6] 郭芳,王灿,张诗卉.中国城市碳达峰趋势的聚类分析[J].中国环境管理,2021,13(1):40-48.

[7] 国家统计局.中华人民共和国2021年国民经济和社会发展统计公报,

[8] 胡玉凤,丁友强.碳排放权交易机制能否兼顾企业效益与绿色效率?[J].中国人口·资源与环境,2020,30(3):56-64.

[9] 黄和平,谢云飞,黎宁.智慧城市建设是否促进了低碳发展?——基于国家智慧城市试点的"准自然实验"[J].城市发展研究,2022,29(5):105-112.

[10] 姜克隽,贺晨旻,庄幸,等.中国能源活动CO_2排放在2020—2022年之间达到峰值情景和可行性研究[J].气候变化研究进展,2016,12(3):167-171.

[11] 蒋选,王林杉.智慧城市政策的产业结构升级效应研究——基于多

期 DID 的经验考察［J］.中国科技论坛,2021,000（012）:31-40.

［12］李金铠,马静静,魏伟.中国八大综合经济区能源碳排放效率的区域差异研究［J］.数量经济技术经济研究,2020,37（6）:109-129.

［13］林伯强,徐斌.研发投入、碳强度与区域二氧化碳排放［J］.厦门大学学报（哲学社会科学版）,2020（4）:70-84.

［14］林小莉,王德起.智慧城市建设能促进绿色发展吗？——基于"准自然实验"的证据［J］.技术经济,2022,41（11）:104-113.

［15］潘家华.压缩碳排放峰值加速迈向净零碳［J］.环境经济研究,2020,5（4）:1-10.

［16］人民银行国际司课题组.为碳定价:碳税和碳排放权交易［N］.第一财经日报,2021-02-22（A12）.

［17］联合国人居署.世界城市报告：构想未来的城市［R］.2022.

［18］武力超,李惟简,陈丽玲,等.智慧城市建设对绿色技术创新的影响——基于地级市面板数据的实证研究［J］.技术经济,2022,41（4）:1-16.

［19］禹湘,陈楠,李曼琪.中国低碳试点城市的碳排放特征与碳减排路径研究［J］中国人口·资源与环境,2020,30（7）:1-9.

［20］庄贵阳,窦晓铭.新发展格局下碳排放达峰的政策内涵与实现路径[J］.新疆师范大学学报（哲学社会科学版）,2021（6）:1-10.

［21］庄贵阳.中国低碳城市试点的政策设计逻辑［J］.中国人口·资源与环境,2020,30（3）:19-28.

［22］Ahern J．Ecopolis: Strategies for ecologically sound urban development: Sybrand P. Tjallingii, Backhuys Publishers, Leiden, Netherlands, 159 pp. paperback, 45.30 Dfl, 1995［J］.Landscape and Urban Planning, 1996.

［23］Ahvenniemi, H.; Huovila, A.; Pinto-Sepp, I.; Airaksinen, M. What are the differences between sustainable and smart cities? Cities 2017, 60, 234–245.

［24］Angelidis, M. Smart green just city actions versus urban planning in european union. Sustain. Dev. Cult. Tradit. J. 2021, 60–80. http://dx.doi.org/10.26341/issn.2241-4002-2021-1a-6.

［25］Bibri, S.E.; Krogstie, J. Smart sustainable cities of the future: An extensive interdisciplinary literature review. Sustain. Cities Soc. 2017, 31, 183–212.

［26］Bobylev N . Mainstreaming sustainable development into a city's Master plan: A case of Urban Underground Space use［J］. Land Use Policy, 2009, 26（4）:1128–1137.

［27］Corbusier, L. The City of Tomorrow and Its Planning: The City of Tomorrow and Its Planning; John Wiley & Sons: Malden, MA, USA, 1987.

［28］De Aguiar, C.; Leshed, G.; Pinch, T.; Green, K. Evaluation of communIT, a large-scale, cyber-physical artifact supporting diverse subgroups building community. J. Smart Cities Soc. 2022, 1, 165–178.

［29］Deng W, Cheshmehzangi A, Ma Y, et al. Promoting sustainability through governance of eco-city indicators: a multi-spatial perspective [Measuring urban sustainability]［J］. International Journal of Low-Carbon Technologies, 2021, 16.

［30］ELZEN M D,FEKETE H, H, HNE N,et al. Greenhouse gasemissions from current and enhanced policies of China until 2030:can emissions peak before 2030?［J］. Energy policy,2016,89:224–236.

［31］GREEN F,STERN N. China's changing economy:implications for itscarbon dioxide emissions［J］. Climate policy,2017,17（4）:423–442.

［32］Hadidi L A, Rahman S M, Maghrabi A T .Smart city – a sustainable solution for enhancing energy efficiency and climate change mitigation in Saudi Arabia［J］.International Journal of Global Warming, 2021, 24(2):91–107.

［33］Iurchenko VO, Lebedeva E S, Levashova Y S, et al. Problems of environmental safety of water disposal as a factor of sustainable urban development［J］. IOP Conference Series: Materials Science and Engineering, 2020, 907（1）:012078（7pp）.

［34］Li, F.; Yang, H.; Gao, X.; Han, H. Towards IoT-based sustainable digital communities. Intell. Converg. Netw. 2022, 3, 14.

［35］Martin, C.; Evans, J.; Karvonen, A.; Paskaleva, K.; Yang, D.; Linjordet, T. Smart-sustainability: A new urban fix? Sustain. Cities Soc. 2019, 45, 640–648.

［36］Mukherjee, P.; Patra, S.S.; Pradhan, C.; AL-Amodi, S.; Barik, R.K. Green Energy Powered by Smart Grids: A Business Model for Long Term Sustainability. In Proceedings of the Cyber Technologies and Emerging Sciences: ICCTES 2021,

Uttarakhand, India, 17–18 December 2021; Springer: Singapore, 2022.

［37］Nijkamp Petal. Sustainable Cities in European ［M］. London: Earth scan Publications Limited, 1994.

［38］Oad, A.; Ahmad, H.G.; Talpur, M.S.H.; Zhao, C.; Pervez, A. Green smart grid predictive analysis to integrate sustainable energy of emerging V2G in smart city technologies. Optik 2023, 272, 170146.

［39］Ou, X.; Lyu, Y.; Liu, Y.; Zheng, X.; Li, F. Integrated multi-hazard risk to social-ecological systems with green infrastructure prioritization: A case study of the Yangtze River Delta, China. Ecol. Indic. 2022, 136, 108639.

［40］Pan, J. Scientific planning as the key to new-type of ecologically friendly urbanization. Environ. Prot. 2014, 042, 14–18.

［41］Qureshi, K.N.; Hussain, R.; Jeon, G. A distributed software defined networking model to improve the scalability and quality of services for flexible green energy internet for smart grid systems. Comput. Electr. Eng. 2020, 84, 106634.

［42］Silva, B.N.; Khan, M.; Han, K. Towards sustainable smart cities: A review of trends, architectures, components, and open challenges in smart cities. Sustain. Cities Soc. 2018, 38, 697–713.

［43］Smart city, Fast systems, Global networks. Smart city, Fast systems, Global networks, Conference Speech, San Francisco. 1990.

［44］Tsolakis N, Anthopoulos L. Eco-cities: An integrated system dynamics framework and a concise research taxonomy ［J］. Sustainable Cities and Society, 2015, 17:1-14.

［45］Viitanen, J.; Kingston, R. Smart cities and green growth: Outsourcing democratic and environmental resilience to the global technology sector. Environ. Plan. A 2014, 46, 803–819.

［46］Xie, Z.; Wu, R.; Wang, S. How technological progress affects the carbon emission efficiency? Evidence from national panel quantile regression. J. Clean. Prod. 2021, 307, 127133.

［47］Zhang, X.; Manogaran, G.; Muthu, B. IoT enabled integrated system for green energy into smart cities. Sustain. Energy Technol. Assess. 2021, 46, 101208.